Karl Brandler-Pracht

Geheime Seelenkräfte

Geheime Seelenkräfte

Die unveränderten
Original-Unterrichtsbriefe
zur Entwicklung der Willenskraft
und der okkulten Fähigkeiten

Ein erprobter Lehrgang in 10 Stufen

Von
Karl Brandler-Pracht

Verlag Dieter Rüggeberg
Wuppertal

Hergestellt nach der Ausgabe 1923

Auflage 2009

© 2005 Copyright by
Verlag Dieter Rüggeberg
Postfach 130844
D-42035 Wuppertal
Deutschland / Germany

Alle Rechte dieser Ausgabe vorbehalten.

Printed in Germany.

ISBN 3-921338-33-6
ISBN 978-3-921338-33-9

Inhalt:

10 Unterrichtsbriefe
zur Entwicklung der Willenskraft
und der okkulten Fähigkeiten

Dieser Lehrkursus bezweckt in erster Linie die Erreichung einer absoluten Herrschaft des Geistes über den Körper. Der Lernende wird durch systematische, gut erprobte Übungen dahin gebracht, seinen Körper, seine Gedanken, sein Gemüt vollständig unter einer bewußten Kontrolle zu halten.

Die Neugedankenlehre in ihrer praktischen Verwertung vermag allein nur willensstarke, ausdauernde, tüchtige und selbstbewußte Persönlichkeiten heranzubilden, die ein geordnetes kräftiges Gedankenleben haben, einen festen entschiedenen Charakter, eine gesunde Seele und einen gesunden, wohlorganisierten Körper.

In zweiter Linie sind die in diesen Unterrichtsbriefen niedergelegten Übungen die beste Schule zur Entwicklung der im Menschen latent liegenden okkulten Fähigkeiten und Kräfte. Der Verfasser hat hier, gestützt auf langjährige Studien und reiche persönliche Erfahrungen, ein kombiniertes System ausgearbeitet, das jeden ernst Strebenden unbedingt zum Erfolg führen muß, wenn die Vorschriften gewissenhaft befolgt werden. Die beiden großen Yoga-Systeme sind hier vereinigt. Stufenweise wird der Schüler geführt – stufenweise erwachen seine geistigen Kräfte – in gleicher Zeit aber entwickelt sich ein reger, bewußter Verkehr mit dem inneren, höheren Menschen, und mit Staunen und Entzücken fühlt er immer mehr und mehr, wie sich ihm ein wahrhaft glückseliger Zustand erschließt. Harmonie, Seelenfriede, Kraft und Willensstärke durchströmen ihn, seine Erkenntnis weitet sich und die geheimnisvollen Tore, die der Unentwickelte kaum nur zu ahnen vermag, öffnen sich vor seinen nun abgeklärten Blicken.

Diese Lehrbriefe sind unbrauchbar für den, der nur aus egoistischen Gründen seine Kräfte entwickeln, der „schwarze Magie" treiben will.

Die hier niedergelegten Übungen zur Erlangung einer okkulten Kräfteentwicklung sind unbedingt verbunden mit der ethischen Entwicklung – ohne diese sind sie erfolglos. „Wer *Blitze* lenken will, muß im Himmel wohnen."

Die Übungen sind derart eingeteilt, daß ihnen auch der beruflich Angestrengte gerecht werden kann; sie sind hauptsächlich für morgens und für die Abendzeit berechnet.

Einleitung

Die Neugedankenbewegung hat in erster Linie den Zweck, Persönlichkeiten heranzubilden, die willensstark, ausdauernd, tüchtig und erfolgreich sind; Personen voll Selbstvertrauen, die ein geordnetes, kräftiges Gedankenleben haben, starke entschiedene Charaktere, Menschen mit einer gesunden Seele und einem gesunden, wohlorganisierten Körper.

Die absolute Herrschaft des Geistigen über den Stoff ist der Zweck dieses Lehrkurses. Der Schüler muß seinen Körper, seine Gedanken, sein Gemüt vollständig unter die Kontrolle seines bewußten höheren Willens bringen. Dieser höhere Wille ist göttlichen Ursprunges, er fließt aus dem Urquell des ewigen Seins, er ist ein Teil des Unendlichen.

Halten wir den Körper, die Gedanken oder unser Gemüt nicht beständig unter strenger Aufsicht und unter zielbewußter Führung, so entziehen wir dem All-Willen in uns das Instrument, auf dem er sich betätigen kann, oder wir verstimmen es und machen den harmonischen Einklang, in welchem der sich in uns individuell gewordene göttliche Wille mit seinem Vater, dem Allwillen, stets befinden soll, unmöglich. Der beste Künstler ist nicht imstande, auf einem verstimmten Klavier seine Kunst zur Geltung zu bringen – will er das, so muß er sich erst einer mühevollen Arbeit unterziehen und sein Instrument in jene Verfassung bringen, die es ihm ermöglicht, seinem seelischen Empfinden hörbaren Ausdruck zu geben.

In Harmonie zu kommen mit dem All-Wissen, sich frei zu machen von der Gewalt des Stoffes und die Umnachtung zu durchbrechen, die uns umfangen hält und unser Edelstes in uns behindert, sich zu entwickeln und emporzuwachsen zum Vater – das ist unsere Hauptaufgabe, und nur zu diesem Zwecke soll der Mensch sich bemühen, seine okkulten Kräfte zu entwickeln. Sie dürfen ihm nur als Schlüssel dienen, das Tor zu öffnen, das den finsteren Kerker verschlossen hält, in welchem unser göttliches Sein angeschmiedet ist mit eisernen Ketten. Und ist es uns gelungen, dieses Tor zu erschließen, dann strömt die Fülle des Lichtes auf uns ein, das vom Vater kommt, und je heller es um uns wird, desto leichter werden die Ketten, bis sie endlich von selbst herabfallen und der Befreite hinaustreten kann in das Reich der wahren Freiheit!

Wer sich aber verleiten läßt, das Tor aus anderen Motiven zu öffnen, wer seine Kräfte entwickelt, nur um seinem materiellen Willen zum Siege zu verhelfen, der wird eine böse Enttäuschung erleben. Nicht dem Sonnenlicht hat er das Tor seines Kerkers geöffnet, sondern einer tieferen und schwärzeren Nacht, als die ist, die ihn umgibt – nicht Erkenntnis wird ihn erfüllen, sondern Verwirrung, und was sich aus der Finsternis heraus offenbart und sich schmeichelnd zu seinen Füßen lagert, das wird mit der Zeit zur Qual und Pein für ihn werden. Wer die Gotteskräfte in sich weckt ohne den reinen Willen zur Erlösung, zur Erkenntnis, zur Wahrheit, der frevelt und richtet sich zugrunde. Die Ausübung der „schwarzen Magie" hat noch zu allen Zeiten bösen Lohn gefunden.

Wer die Absicht hat, seine psychischen Kräfte zu entwickeln, der tritt aus der gewöhnlichen Entwicklungskette, er stellt sich damit auf einen sehr exponierten Posten und wird dadurch zur Zielscheibe böser Gewalten. Doch sein reines Streben ist ein undurchdringlicher Panzer, an welchem alle Pfeile des Gegners zersplittern. Entfernt er sich aber während seiner Entwicklungsperiode von seinem Vorsatz, so wird sein schützendes Kleid undicht und die Pfeile jener dunklen Gewalten werden ihn verletzen.

Darum prüfe jeder, wenn er geneigt ist, diesen Weg zu betreten, ob er auch die Kraft haben wird, mutig auszuharren und die Konsequenzen einer solchen Entwicklung zu ertragen, die in dem Absterben des egoistischen Ich-Menschen ihren Gipfelpunkt haben. Der hier niedergelegte Entwicklungsgang geht zum größeren Teil von innen nach außen. Und darum hat er nichts gemein mit verschiedenen anderen Entwicklungssystemen meist amerikanischer Provenienz, die den ganz verkehrten Weg einschlagen, ausschließlich von außen nach innen wirken zu wollen. Diese bezwecken in erster Linie das Leben genußreich und angenehm, den Körper schön, gesund und langlebig zu machen, Reichtum zusammenzuscharren usw. Der eigentliche Zweck des Lebens wird dabei vollständig verkannt – der innere Mensch kommt dabei zu kurz und nichts wurde gewonnen. Im Gegenteil, der so Entwickelte ist zum Schädling geworden, der alte Egoismus lebt noch, aber nun stehen ihm Kräfte zur Verfügung, die es erlauben, auf Kosten der Mitmenschen sich noch mehr zu entfalten. Das böse Ende bleibt freilich niemals aus, und was wir säen, das ernten wir auch, und wer die Saat des Unkrauts in die Erde wirft, mag sich nicht wundern, wenn ihm eines Tages die Dornen und Disteln die Füße blutig reißen.

Das vorliegende System entwickelt nach beiden Richtungen, also auch teilweise von außen nach innen, jedoch nur zu dem Zwecke, den langsam zur Entfaltung kommenden Menschen bei seiner nach außen organisierenden Wirksamkeit zu unterstützen.

Die Neugedankenlehre und Kräfteentwicklung, wie sie hier gelehrt wird, hat eine streng ethische Grundlage. Die Erweckung des inneren Menschen hat auch eine Neugestaltung und Veredelung des äußeren Menschen zur Folge und damit ist auch eine günstige Veränderung aller Lebensumstände verbunden. Wenn wir lernen, gut, gerecht und liebevoll zu fühlen, so werden wir auch gut, gerecht und liebevoll denken. Solche Gedanken werden aber auch dementsprechende Handlungen auslösen, und wer gute und gerechte Handlungen voll Liebe und Selbstlosigkeit begeht, der gleicht einem Landmann, welcher zur günstigen Zeit vollwertigen guten Samen der Erde anvertraut – die große Ernte wird sein Lohn sein.

Der Verfasser hat die Neugedankenlehre in Verbindung gebracht mit der Entwicklungslehre der indischen Philosophie und ein System aufgestellt, das den Schüler befähigt, die vorerwähnten Ziele voll und ganz zu erreichen – in Einklang zu kommen mit dem All-Willen und dadurch befreit zu werden von dem Fluche der Stofflichkeit, von Not und Sorge, Krankheit und Leid.

Die Neugedankenlehre ist also nichts weiter als ein vernünftiger Optimismus. Sie stützt sich in der Hauptsache auf die so wenig bekannte Tatsache der geistigen Strömungen und der stofflichen Realität der Gedanken. Gedanken sind Dinge.

Wir erzeugen keine Gedanken, aber wir beleben sie und je „kräftiger" wir denken, desto intensiver haben wir die Gedankenformen belebt. Wenn man sich nun vor Augen hält, daß jede Gedankenform Schwingungen verursacht, die sich nach allen Seiten fortpflanzen, um sich mit gleichgestimmten Gedankenformen zu verbinden und dann vereint zum Aussender, an den sie nunmehr für längere Zeit gebunden bleiben, zurückkehren, so kann man leicht begreifen, daß der Optimist, der Gedanken des Erfolges, der Gewißheit, der Freude denkt, sich ein Heer in seiner „positiven" Gedankenwelt schafft, welches ihm im Lebenskampfe treu zur Seite steht und den Sieg bringen wird. Dagegen bildet der Zweifelsüchtige, Mutlose, Gedrückte, Hoffnungslose mit seiner „negativen" Gedankenwelt sich einen furchtbaren Feind, der ihn immer mehr mutloser macht und von einem Mißerfolg zum andern führt.

Das Geheimnis des Erfolges liegt im Menschen selbst, in seiner „Willenskraft", in seiner „Persönlichkeit" und zusammengenommen in seinem „persönlichen Magnetismus". Die Kraft des geschulten Willens bringt Glück, Gesundheit, Erfolg; der konzentrierte Wunsch, andere glücklich zu machen, bringt Liebe, Vertrauen, Dankbarkeit, und die geheimnisvollen Kräfte, die in jedem Menschen latent liegen, durch zweckentsprechende Übungen erweckt, verbunden mit der ethischen Höherentwicklung, verschaffen uns die wahre Freiheit und befähigen uns, unser Schicksal selbst in die Hand zu nehmen.

Es wäre Zeitvergeudung, den Schüler mit langen Abhandlungen über die Theorie der Neugedankenlehre aufzuhalten, und wir finden es für angemessener, sofort zu den Übungen zu schreiten. Den Wert des ganzen Systems wird der Studierende selbst einzuschätzen wissen, wenn er im Besitze seiner entwickelten Kräfte sein, sich freier, edler und harmonischer fühlen wird.

Vorerst vertraue er uns voll und ganz und beweise gleich zu Beginn seines Studiums, daß er gesonnen ist, diesmal nichts Halbes zu tun, sondern auszuhalten, bis er sein Ziel erreicht hat.

Seine ersten „positiven" Gedanken sollen in der Zusicherung gipfeln, daß nichts imstande sein kann, ihn von dem nunmehr eingeschlagenen Weg abzubringen. Er möge sich sagen, daß er jetzt fest entschlossen ist, unter allen Umständen den Edelstein in seiner Brust, die „Willenskraft", zu erwecken und durch sie die Kräfte zu entwickeln, die uns der Allgeist gab, damit wir den dornenvollen Weg des Lebens leichter durchschreiten können, nicht als demütige, von allen Leidenschaften niedergedrückte, in sklavischer Abhängigkeit von allen Gewalten beeinflußte Kreaturen, sondern als freie, edle, selbstbewußte, nach Gottes Ebenbild erschaffene Menschen, für die das irdische Leben keine Stätte des Leidens mehr ist, sondern ein Tal des Glücks und des Friedens.

Die Übungen des ersten Abschnittes bilden das Fundament des ganzen Lehrstoffes und ihnen ist sehr viel Sorgfalt zu widmen. Der Schüler mag wissen, daß diese Übungen durchweg erprobt sind. Wenn ihm ihr praktischer Wert auch nicht sofort einleuchtend ist und er sich vielleicht ob der Einfachheit derselben wundert, so können wir ihn darauf aufmerksam machen, daß das ganze Lehrsystem einem Mosaikgebäude gleicht, das nur aus kleinen Steinchen zusammengesetzt, sofort seinen harmonischen Gesamteindruck verlieren würde, wenn auch nur das kleinste Steinchen fehlte.

Amerikanische Schulen bilden, wahrscheinlich um den Kursus in die Länge ziehen zu können, ihre Schüler in jeder Fähigkeit extra aus und es dauert dann ziemlich lange, bis kombinierte Übungen vorgenommen werden können. Da nun erst die kombinierten Übungen richtig Erfolge nach sich ziehen, so erhalten die Schüler meist erst ziemlich spät den Beweis, daß in der Neugedankenlehre und der indischen Philosophie eine großartige Wahrheit enthalten ist.

Der vorliegende Lehrgang ist bestrebt, diesen, den Schüler wenig aneifernden Umstand auszuschalten. Es werden zu diesem Zwecke alle Fähigkeiten so ziemlich gleichzeitig entwickelt. Das erfordert keinesfalls besondere Anstrengungen des Schülers, denn es genügen täglich zwei Stunden für die verschiedenen Übungen, die außerdem mit einigen Ausnahmen zu jeder Tageszeit durchgeführt werden können.

Wir stellen nun an den Schüler, ehe er mit dem eigentlichen Studium beginnt, einige große Anforderungen.

1. Wir verlangen von ihm Geduld. Die Erfolge können sich nicht augenblicklich einstellen. Wer in ein fremdes Land reist, muß erst lernen sich dort zurechtzufinden, ehe er etwas unternimmt, und wer einen Ausblick haben will, darf die Mühe eines Aufstiegs nicht scheuen. Nur die Geduld führt zum Ziel, und der Ausdauernde und Beharrliche findet immer seinen Lohn; der Ungestüme aber bereitet sich Mißerfolge.

2. Der Schüler soll schweigen. Es ist das ein okkultes Gesetz. Wer im Studium seiner Entwicklung anderen Personen von seinen Übungen oder Erfolgen Mitteilung macht, geht dieser Erfolge wieder verlustig. Nur derjenige, der seine Ausbildung vollendet hat und dessen Kräfte durch längere Zeit hindurch gefestigt sind, kann von seinen okkulten Fähigkeiten sprechen, obwohl der Ausgebildete schon von selbst darauf kommen wird, daß es vorteilhafter ist, diese Kräfte stillschweigend anzuwenden, als nutzlose Schaustellungen mit

ihnen zu bereiten, welche nur der Eitelkeit dienen und dem Betreffenden wenig Nutzen bringen würden.

3. Die Übungen sollen nicht unterbrochen werden. Besonders der Anfänger muß darauf achten. Unterbrechungen werfen meist wieder zurück und verlängern das Studium. Manche Schüler haben sich schon sehr geschadet, indem sie mitten in der besten Entwicklung ohne besonderen Zwang ihre Übungen für einige Tage unterbrochen hatten und dann aller Erfolge verlustig gingen, so daß sie wieder von vorne anfangen mußten. Es soll eigentlich nur einen Grund zur Unterbrechung dieser Übungen geben und der heißt Krankheit. Diesen Grund kann man aber für jeden ernst strebenden Schüler getrost ausschließen, denn wer seine Kräfte entfaltet, verschließt den Krankheiten Tür und Tor.

4. Wir verlangen nicht, daß der Schüler sich unsere Weltanschauung zu eigen machen soll. Mag jeder glauben, was er will. Aber wir fordern von ihm, daß er die nachfolgenden Lehrsätze zu begreifen sucht, und sich vorhält, daß logischerweise gegen die Möglichkeit dieser Anschauung nichts einzuwenden ist. Wenigstens für die Dauer seiner Entwicklung mag er sich mit diesen Lehrsätzen befreunden, sonst wird es ihm kaum möglich sein, sich mit dem Sinn der Übungen vertraut zu machen.

Wir müssen annehmen, daß die Materie in mehreren Zustandsformen existiert, und zwar in der „grobstofflichen" sinnfälligen, und der „feinstofflichen", nur dem okkulten Sinne zugänglichen Form.

Wir müssen ferner annehmen, daß der Mensch ebenfalls aus zwei solchen Zustandsformen besteht, und zwar aus einem grobstofflichen Körper, nämlich der fleischlichen Erscheinung, und aus einem feinstofflichen, nur unter gewissen Bedingungen sichtbaren Körper, dem Astralkörper. Diese beiden stofflichen Erscheinungsformen werden belebt und organisiert von einem unstofflichen rein geistigen Prinzip, der Seele, auch Psyche genannt, die eigentlich als das einzig Seiende, Unvergängliche anzusehen ist.

Dadurch, daß diese Psyche, dieser von dem Allgeist losgelöste und dadurch individuell gewordene Geistesfunke in den Stoff eingekerkert ist, wird sie von diesem verdunkelt und des Bewußtseins ihrer hohen Abstammung beraubt. Es ist nun ihre Aufgabe, trotz der fleischlichen Umklammerung, sich zu der Erkenntnis ihrer göttlichen Wesenheit durchzuarbeiten, da ihr nur die Erreichung dieses Zieles die wahre Glückseligkeit bringen kann. Sie muß deshalb durch die Materie auf sich selbst wirken, um diese Riesenaufgabe, der sie mit der Zeit unbedingt gerecht werden muß, vollenden zu können.

Zu diesem Zwecke muß sie sich von der Macht des Stoffes befreien, sie muß die Meisterin des Instrumentes werden und ihre Kräfte frei bekommen, damit sie ihre Schwingen entfalten kann.

Und darin liegt das ganze Programm der neupsychologischen Kräfteentwicklung.

„Beherrschung des Stoffes – Befreiung der psychischen Kräfte!"

1. Stufe

Die Beherrschung des Stoffes erfordert in erster Linie Geduld und Ruhe.

In dieser Beziehung steht es bei den meisten Menschen sehr schlecht. Ganz abgesehen davon, daß unter 100000 Menschen vielleicht immer nur einer imstande ist, seinen Geist ruhig zu erhalten; so ist es schon sehr schwer, nach außen hin ruhig zu bleiben.

Ruhe, Geduld, Ausdauer und Pünktlichkeit, das müssen wir in erster Linie lernen. Jeden Tag zu einer bestimmten Zeit müssen wir einen absoluten Ruhezustand in unserem Körper herstellen. Wir sagten, daß wir lernen müssen, den Stoff zu beherrschen, das Fleisch in unsere Gewalt zu bekommen, und da müssen wir hauptsächlich mit den unwillkürlichen Muskelbewegungen den Kampf aufnehmen. Die Oberherrschaft des Geistes verlangt, daß nichts an unserem Körper geschehe ohne Zustimmung unseres bewußten Willens.

Wir strahlen fortwährend ein feines Fluid aus unserem Körper. Dieses Fluid (nach Freiherr von Reichenbach auch Od genannt) ist der Träger unserer psychischen Eigenschaften und unseres Willens.

Wenn wir nun auf eine Person unseren Einfluß richten wollen, so überstrahlen wir unbewußt die odische Emanation auf dieselbe. Diese Überstrahlung erleidet jedoch durch unsere unkontrollierten Muskelbewegungen fortwährende Unterbrechungen. Das hat zur Folge, daß auch die odische Strahlung unterbrochen wird und somit die Kraft der Übertragung eine erhebliche Einbuße erfährt.

Der Geist wird durch solche Störungen von seinen Objekten ebenfalls fortwährend abgezogen und muß seine Aufmerksamkeit diesen nichtigen Bewegungen zuwenden. Das aber ist eine Kraftzersplitterung.

Darum mache der Schüler mit Fleiß und Ernst jeden Tag

zu einer bestimmten Stunde folgende Übung:

Er setze sich an einen Tisch, möglichst aufrecht und in freier Haltung; die Fersen müssen fest geschlossen sein und ebenso die Knie. Der Schüler muß darauf achten, daß während der ganzen Übung die Knie und die Fersen so fest geschlossen bleiben, daß sich auch nicht ein Blatt Papier hindurchschieben läßt. Dann lege er beide Hände auf den Tisch, doch so, daß die Daumen unter die Tischkante kommen und schließe die Hände zusammen, indem er Zeigefinger an Zeigefinger drückt. Vor sich auf dem Tisch oder in Kopfhöhe an der Wand, keinesfalls aber in einer weiteren Entfernung als 1 bis 2 Meter habe der Lernende ein Bild vor sich, dessen Darstellung geeignet ist, bessere Gefühle in ihm zu erwecken. Bilder, die irgendwie erregen oder eine Leidenschaft erwecken können, sind zu vermeiden, am besten ist ein Christusbild (Kopf- oder Brustbild) zu verwenden.

Während man nun in dieser unbeweglichen Haltung am Tische sitzt, hat man das Bild ruhig zu betrachten, jedoch ohne jede Kopfbewegung. Man suche sodann seine Gedanken nur auf dieses Bild zu richten und jeden anderen Gedanken, der sich einschleichen wollte, energisch abzuweisen. Man muß sich geistig so in das Bild versenken, daß die ganze Umgebung aufhört zu sein; es dürfen für den Lernenden während dieser Übung nur zwei Dinge existieren, er und sein Objekt, das Bild.

Diese Übung soll mindestens eine Viertelstunde währen; wer über Zeit verfügt, mag sie langsam bis zu einer halben Stunde steigern.

Die meisten Menschen sind auch beim Sprechen, also gerade dann, wenn sie Eindruck machen wollen, wenn sie ihre Strahlungen praktisch verwerten sollen, von einer solchen Unruhe, daß sie sich aller Wirkung berauben. In Rücksicht auf die vielen total unnötigen und unangebrachten Körperbewegungen sei an den Grundsatz erinnert, daß die Gebärde mit den Worten übereinstimmen müsse. Nun ist für denjenigen, der sich eines klaren sprachlichen Ausdrucks bedient, die Unterstützung des Wortes nur teilweise und meist überhaupt nicht nötig. Das allzu große Gebärdenspiel beim Sprechen ist eine Kraftvergeudung. Damit ist nicht gesagt, daß man sich wie eine Pagode halten soll, aber man muß darauf achten, wenigstens die unbewußten Muskelbewegungen einzustellen und den Körper scharf unter seine Kontrolle zu bekommen.

Da ist in erster Linie das Gesicht gemeint. Unser unbewußtes Mienenspiel während des Sprechens, das auf die Strahlung so störend einwirkt, muß vermieden werden. Das Auge und die ganze Partie um das Auge herum, die Stirn, die Wangen usw. müssen unbeweglich bleiben und nur jene Muskeln dürfen tätig sein, welche zum Sprechen nötig sind.

Um das zu erreichen, ist folgende Übung durchzuführen:

Der Schüler setze sich vor einen Tisch und nehme eine leichte ungezwungene aber aufrechte Haltung an, so daß er es nicht nötig hat, während der Übung sich zu bewegen. Vor sich auf dem Tisch soll er einen Stehspiegel haben, und seine Aufgabe besteht jetzt darin, sein Spiegelbild während einer Viertelstunde genau zu beobachten. Es darf sich die ganze Zeit über, trotzdem das Auge nach allen Richtungen zu schauen hat, kein Lid, kein Muskel bewegen, das Gesicht muß wie aus Marmor gemeißelt sein.

Man muß die ganze Willenskraft anwenden, um diese Übungen durchzuführen. Das anfängliche Mißlingen darf den Schüler nicht entmutigen; was ihm heute nicht gelingt, gelingt ihm morgen. Auf keinen Fall aber darf er, wenn er auch anfänglich seine Muskeln noch nicht nach Wunsch in die Gewalt bekommt und die Übungen mehrfach durch Zucken und Blinzeln unterbrochen werden, dieselben vor einer Viertelstunde beenden.

Aber auch Geduld muß sich der Schüler aneignen. Nur wer Geduld hat, versteht sich zu meistern und dann erst kann er andere Menschen beeinflussen. Nachstehende Übungen sind, so einfach sie auch scheinen mögen, darauf berechnet, den Schüler zu Geduld und Ausdauer zu zwingen.

Man schütte in einen Becher je eine Handvoll Erbsen, Bohnen, Linsen, Reiskörner, Hanf, Kaffeebohnen u. a., vermenge den Inhalt tüchtig und leere ihn dann auf den Tisch. Es sei nun des Schülers Aufgabe, den Inhalt sorgfältig zu sortieren, Bohnen zu Bohnen, Linsen zu Linsen, Erbsen zu Erbsen usw. Wenn man dann nervös und ungeduldig zu werden beginnt und die ganze Arbeit über den Haufen werfen möchte, ermahne man sich sofort und, eingedenk des hohen Zieles, das man sich gesteckt, zwinge man sich unter allen Umständen zur ununterbrochenen Durchführung dieser Übung. Gehts gar nicht anders, so konzentriere man dabei seine Gedanken auf irgendeine heitere Begebenheit oder singe sich ein lustiges Lied - das hilft immer.

Ferner lasse man sich von einer anderen Person ein Knäuel Wolle vollständig verknüpfen. Und nun gehe man daran, diese Wolle zu entwirren und alle Knoten zu lösen. Der Knäuel darf naturgemäß nicht allzu groß sein, da dessen Lösung sonst zuviel Zeit in Anspruch nehmen würde. Jede dieser Geduldsübungen soll nämlich nicht mehr als eine halbe Stunde in Anspruch nehmen. Man wechsle ab, den einen Tag das Körnerlesen, den anderen das Fadenentwirren. Wer Geduldspiele in seinem Besitz hat, übe außerdem noch damit.

Es kann der Schüler nicht genug ermahnt werden, diesen Übungen ja recht große Sorgfalt zuzuwenden, denn Ruhe, Geduld und Beharrlichkeit bilden die Basis, auf welcher die Entwicklung psychischer Kräfte beruht. Der Schüler, der es ernst mit dieser Entwicklung meint, wird außerdem gut tun, sich jeden Tag einmal zu einer Arbeit zu zwingen, die er bisher nur ungern verrichtet hat. Er sage sich, daß jede Arbeit, welcher Art sie auch immer sei, so sie nur einem unserer Mitmenschen Nutzen bringt und nicht gegen die Moral verstößt, gut ist und uns dient.

Auch wird ihm angeraten, sich – zur Stärkung seiner Willenskraft – zu zwingen, so oft als möglich mit einer Person zu verkehren, die ihm nicht sympathisch ist, oder mit der er Zwistigkeiten gehabt hat. Je mehr Überwindung ihm ein solcher Verkehr kostet, desto besser ist es für die Ausbildung seiner Willenskraft und seines inneren Menschen. Selbstverständlich liegt der Sinn dieser Übung darin, mit jener Person in der liebevollsten Weise zu verkehren und sich von ihr unter keinen Umständen aus der Ruhe bringen zu lassen. Der Mächtigere ist immer der Ruhige.

Und an dieser Stelle sollen dem Schüler gleich Verhaltensmaßregeln gegeben werden bezüglich seiner nunmehrigen Lebensweise, die für die Dauer der Entwicklung ziemlich streng eingehalten werden soll.

Der Schüler enthalte sich so viel als möglich des Alkoholgenusses! Abends darf kein Alkohol genossen werden, ebensowenig erregende Getränke wie Tee oder Kaffee. Zu den übrigen Zeiten schadet Tee- oder Kaffeegenuß weniger. Auch des Rauchens mag sich der Schüler für einige Zeit etwas enthalten. Auf keinen Fall aber darf, der Morgen- und Abendübungen halber, zu diesen Zeiten geraucht werden. Man merke sich genau, daß mindestens zwei Stunden vor jeder Übung nichts gegessen, kein Alkohol genossen und auch nicht geraucht werden darf. Tagsüber ist das vorläufig noch gestattet, doch wird schon für den Anfang die größte Mäßigung empfohlen. Der Schüler mag sich darauf einrichten, daß er in einem vorgeschritteneren Stadium der Entwicklung überhaupt nicht rauchen, keinen Alkohol und kein Fleisch genießen darf. Darum wird es für Raucher gut sein, sich innerhalb einiger Wochen des Rauchens langsam zu entwöhnen. Auch der Alkoholgenuß soll langsam eingestellt werden. Keineswegs aber ist ein plötzlicher Abbruch dieser Gewohnheiten angezeigt. Man verringere einfach mit jedem Tag das Quantum Nikotin oder Alkohol, so daß man schließlich ohne Erschütterung des Organismus imstande ist, ganz zu entsagen. Auch Fleischesser dürfen nicht plötzlich aufhören, sondern sollten sich von Beginn des Kursus an nur jeden zweiten Tag, später nur zweimal in der Woche den Fleischgenuß gestatten. Abends darf während der Entwicklungsperiode unter keinen Umständen weder Fleisch genossen noch geraucht oder Alkohol getrunken werden.

Der Schüler wird vor allen Abendvergnügungen gewarnt. Er soll des Abends Theater, Konzerte, Bierhäuser usw. strenge vermeiden. In einer späteren Entwicklungsstufe wird es ihm schon klar werden, warum wir ihm solche Einschränkungen auferlegen müssen.

Verheiratete Personen wollen sich während ihrer Entwicklung des sexuellen Verkehrs enthalten; sollte aber im Laufe eines Monats eine einmalige Befriedigung nicht hintanzuhalten sein, so müssen die Übungen für 36 Stunden unterbrochen werden. Ledige Personen dürfen keinen Geschlechtsverkehr pflegen und müssen ihre Reinheit in dieser Beziehung unter allen Umständen bewahren; wenn junge männliche Schüler während der Entwicklungszeit mit Dirnen verkehren wollten, so würden sie sich an Leib und Seele nie wieder gut zu machenden Schaden zufügen!

Diese sämtlichen Vorschriften gelten natürlich nur für die Entwicklungsdauer. Wer seine Kräfte entwickelt hat, kann ab und zu ein Glas Bier oder Wein zu sich nehmen, er kann auch ab und zu etwas rauchen. Auch die Vorschrift, den sexuellen Verkehr für Verheiratete betreffend, ist dann aufgehoben; der Entwickelte kennt das Maß und wird gar nichts mehr zur Leidenschaft anwachsen lassen – er ist Herr über sich geworden.

Der Schüler halte sich streng an drei Mahlzeiten; und zwar soll er morgens, mittags und abends essen. Die Hauptmahlzeit ist zu Mittag. Abends ist eine größere Nahrungszufuhr zu vermeiden. Man esse nur bis zur leichten Sättigung, der Magen darf nie überladen werden. Dagegen wird aber vor jeder Unterernährung eindringlichst gewarnt. Wenn ein Schüler einer Lehre angehört, die eine extreme Ernährung anempfiehlt, so mag er sich für die Dauer dieses Kursus von solchen

Anschauungen zurückziehen; die hier vorgelegten Übungen vertragen sich mit einer systematischen Unterernährung und Säfteentmischung keinesfalls.

Über die Auswahl der Speisen wird erst die folgende Stufe berichten: der Schüler soll nur langsam seine Lebensweise ändern.

Ein Hauptgebot besteht auch darin, daß der Schüler unbedingt, vorläufig ohne jede Ausnahme, nachts um 12 Uhr schlafen muß. Er gehe bald nach 10 Uhr zu Bette. Von dieser Regel darf nur in einem höheren Entwicklungsstadium und nur unter ganz besonderen Umständen abgewichen werden. Für solche Fälle werden in einer der folgenden Stufen spezielle Vorschriften gegeben.

Ferner ist zu bemerken, daß sich der Schüler speziell abends der größtmöglichsten Ruhe zu befleißigen hat; besonders vor dem Einschlafen darf er sich weder Erregungen noch irgendwelchen Leidenschaften hingeben – die Abendstunden gehören seiner Entwicklung und die Zeit vor dem Einschlafen muß mit festgesetzten Übungen ausgefüllt werden.

Die für eine bestimmte Zeit, also speziell für den Morgen oder den Abend, vorgeschriebenen Übungen müssen pünktlich eingehalten werden. Alle anderen Übungen kann der Schüler zu jeder Tageszeit vornehmen. Nach dem Essen darf nicht geübt werden.

Diese erste Stufe will den Schüler nicht mit Übungen überbürden. Ihr Zweck besteht darin, die erforderliche Grundlage der Entwicklung zu legen.

Dahin gehört auch das Voll- und Tiefatmen. Dieser wichtigste Lebensprozeß wird von den Menschen viel zu wenig beachtet. Wir wissen kaum, daß wir atmen, so nebensächlich ist uns dieser Vorgang. Wir sollen aber lernen bewußt zu atmen, tief und regelmäßig, und zwar von oben nach unten zu atmen. Bei unserer verkehrten Atmungsweise kommen die Lungenspitzen meist zu kurz. Die Einatmung und Ausatmung geschieht bei geschlossenem Munde durch die Nase. Bei warmer Jahreszeit macht man die folgende Übung im Freien oder aber bei weit geöffnetem Fenster. Bei der kalten Jahreszeit übt man in einem vorher gut gelüfteten und erwärmten Zimmer, in welchem nur die Oberfenster geöffnet werden, so daß die einströmende Luft nicht unmittelbar die Lungen trifft. Die nachstehende Übung muß täglich morgens und abends vorgenommen werden.

Der Schüler steht beim Fenster, hält die beiden Arme waagrecht ausgestreckt, führt dann die Arme im Bogen nach rückwärts und schließt die Hände hinter dem Kopfe, um dann die Brust herauszudrücken und den Kopf ein wenig zurück zu neigen. Nun atmet er in dieser Stellung mit geschlossenem Mund durch die Nase in einem anfänglich 5 Sekunden dauernden Zug die Luft tief ein, drückt sie jetzt in den Körper so weit als möglich hinunter, hält sie 5 Sekunden unten und atmet sie durch die Nase derart aus, daß diese Ausatmung ebenfalls 5 Sekunden währt. Die ganze Atemprozedur, die eine viertel Minute in Anspruch genommen hat, wird nun siebenmal wiederholt. Nach einigen Tagen kann man von 5 Sekunden auf 7, dann auf 10 und schließlich auf 15 Sekunden steigern.

Das Auge des Menschen birgt eine große Macht. Aber es muß erst ausgebildet werden. Unser nervöses, zerstreutes Schauen mit seiner Hast und Unruhe zerstört jede energische Strahlung und kann deshalb nicht den großen gewaltigen Eindruck machen, den ein ruhiges geschultes Auge mit dem konzentrierten Blick erzielt. Dieser konzentrierte Blick wird nun durch folgende Übung vorbereitet.

Der Schüler male sich auf ein weißes Papier einen schwarzen Kreis in der Größe eines Fünfmarkstückes. Er befestige nun dieses Papier in Kopfhöhe an die Wand oder an ein Möbelstück, setze sich dem Papier in einer Entfernung von zwei Metern gegenüber und richte seinen Blick auf den schwarzen Kreis. Es ist nun seine Aufgabe, jedes Blinzeln und Zucken der Augen, jede Bewegung der Muskeln, ja sogar des ganzen Kopfes streng zu vermeiden. Die Augen müssen drei Minuten lang starr und leblos auf den Kreis gerichtet sein – es darf für den Übenden nichts mehr existieren als der Kreis. Auch das Tränen der Augen darf daran nichts ändern. Diese Übung kann zu jeder Zeit gemacht werden, nur soll der Schüler nach derselben ein mit lauem (16 - 18° R.) Wasser angefülltes Becken zur Hand haben, in welches man das Gesicht taucht und unter Wasser die Augen zu öffnen und hin und her zu drehen sucht. Dann erhebt man den Kopf wieder, um Atem zu holen, worauf das Augenbad neuerdings vorgenommen wird, und so macht man es siebenmal. – Die obige Augenübung ist sehr wichtig und man soll sich durch das anfängliche Tränen der Augen nicht abschrecken lassen. Das Auge wird im Gegenteil mit der Zeit dadurch gestärkt, wozu übrigens das nachfolgende Augenbad hilft! Nach dem Augenbad trockne man die Augen und verbleibe längere Zeit in einem geschlossenen und zugfreien Raum.

Sodann muß sich der Schüler angewöhnen, intensiver zu denken – wir sagen, er muß „plastisch" denken lernen. Das ist die Grundlage für die spätere Konzentration der Gedanken.

Der Schüler schreibe sich auf einen Zettel 15-20 Gegenstände auf, welche sich nicht in seiner unmittelbaren Umgebung befinden, d. h. welche er mit seinen Blicken nicht so leicht erreichen kann. Vorerst sollen es Gebrauchsgegenstände sein, wie Schere, Messer, Notizbuch, Uhr, Trinkglas usw.

Der Schüler wählt aus seiner Liste einen Gegenstand, spricht ihn aus und versucht nun vor seinem geistigen Auge das Bild dieses Gegenstandes blitzschnell erscheinen zu lassen. Das leibliche Auge mag vorläufig bei dieser Übung geschlossen bleiben. Die Aufgabe besteht hauptsächlich darin, daß der Gegenstand erstens sofort und zweitens in einer solchen plastischen Deutlichkeit erscheint, daß man ihn förmlich greifen könnte. Das wird natürlich nicht sogleich gelingen, darum muß man den fraglichen Gegenstand so oft vor das geistige Auge rufen, bis das Experiment tadellos gelingt; dann erst kann man zu einem anderen Gegenstand übergehen. Nochmals wird betont, daß man den Gegenstand nicht wirklich vor sich stehen, womöglich überhaupt nicht im selben Zimmer haben darf. Diese Übung soll mindestens eine viertel Stunde währen.

Der Schüler bringe seine Abendstunden vorläufig mit guten Büchern zu, die ihn einweihen können in die Lehren der Neugedanken, ihn veredeln und auf die Wege der Wahrheit führen. Der Verlag ist gerne bereit, ihm solche Bücher namhaft zu machen und zu besorgen. Romane, Zeitungen und ähnliche Lektüre darf abends nicht vorgenommen werden. Knapp vor dem Schlafengehen mache er bei frischer Luft noch einmal die erwähnte Vollatmung, kleide sich dann aus und lege sich zu Bett. Und nun sollen seine Gedanken vor dem Einschlafen ausschließlich nur auf Hohes und Edles gerichtet sein: auf Nächstenliebe, Barmherzigkeit und alle sonstigen Tugenden; man gehe rasch im Geiste den ganzen Tag durch und kontrolliere bei jeder Handlung, ob dieselbe ethisch einwandfrei war oder nicht. Man wird da ein großes Sündenregister bekommen, in welchem der Egoismus eine große Rolle spielt. Ganz unangebracht ist aber jetzt jede Reue. Mit scharfer Willenskraft gelobe man sich, morgen anders zu handeln; das hilft mehr. Dann entwickle man Gedanken der Ruhe und des Friedens, man gelobe sich ernstlich, in Zukunft unter allen Umständen friedlich zu bleiben und sein seelisches Gleichgewicht nicht mehr zu verlieren. Diese Gedanken müssen die absolut letzten sein; während dieser Gedanken suche man einzuschlafen. – Wenn der Schüler das alles genau so befolgt, wird er mit einem Glücksgefühl erwachen, wie er es lange nicht mehr empfunden hat. Diese Übung ist jeden Abend zu machen.

Des Morgens, nach der Atemübung – der Schüler ist natürlich schon angekleidet – mache er noch folgende Übung. Er stelle sich zum geöffneten Fenster (nur die Oberflügel geöffnet) in strammer Haltung, alle Muskeln angezogen. Dann erhebe er die Arme und strecke sie waagrecht nach links und rechts aus, spanne alle Muskeln an, atme tief durch die Nase und gehe in dieser strammen Haltung mit erhobenem Haupt und herausgedrückter Brust sieben- bis achtmal durchs Zimmer, dabei sage er sich mit großer Willenskraft und innerster Überzeugung:

„Ich bin eins mit der Allkraft. Ich bin ein Teil des Allwissens und darum gibt es für mich kein Hindernis, keinen Mißerfolg. Die Allmacht ist weise, gut und edel und auch ich will weise, gut und edel werden. Ich bin ein Teil des Allwissens, darum verbanne ich jede Schwäche aus mir, jeden Kleinmut; ich bin Kraft, ich bin Gesundheit, ich bin Harmonie und nichts kann meinem guten Streben widerstehen."

Dann gehe man an seinen Beruf. Der Erfolg wird sich bald einstellen, denn mit dieser Übung wächst die Zuversicht, das Können, der Mut und die innere Ruhe!

Alle in dieser Stufe angeführten Übungen sind auf 14 Tage berechnet. Wir erwarten, daß der Schüler während dieser Zeit allen Anforderungen dieser Stufe entsprochen hat; da jeder neue Abschnitt auch dem Ersteigen einer neuen Entwicklungsstufe gleichkommt, ist es nötig, daß der Lehrstoff des vorhergegangenen Abschnittes vom Schüler vollständig bewältigt wurde.

2. Stufe

Mit der Entwicklung der Willenskraft und der okkulten Fähigkeiten muß auch eine gewisse Körperkultur Hand in Hand gehen. Ein schwächlicher Körper ist kein geeignetes Instrument für die freie Betätigung der großen Kräfte.

Der Schüler soll daher sein Augenmerk auf eine zielbewußte Abhärtung seines Körpers richten. Wenn er Licht, Luft und Wasser zu seinen Bundesgenossen erwählt, wird er sein Ziel gar bald erreichen. Er setze sich so viel als möglich dem Sonnenlicht aus, sorge tagsüber für den Zutritt von frischer Luft in sein Arbeitszimmer, schlafe auf hartem Lager ohne Federbetten und scheue sich nicht vor der Nachtluft. Ein Flügel eines Fensters im Schlafraum soll stets geöffnet sein. Wer gewohnt war, bei geschlossenen Fenstern zu schlafen, muß allerdings für den Anfang etwas vorsichtiger sein, er schütze sich durch eine Brettwand oder eine ähnliche Vorrichtung vor der direkten Überstrahlung der Nachtluft. Für empfindliche Personen ist es angezeigt, wenn sie das Fenster in dem angrenzenden Raum geöffnet halten, und erst, wenn sie sich an die Nachtluft gewöhnt haben, mögen sie das Fenster des Schlafzimmers geöffnet halten.

Des Morgens muß der ganze Körper rasch abgewaschen werden, wozu man am besten einen Schwamm verwendet. Hierauf trockne man sich rasch ab und bearbeite den ganzen Körper tüchtig mit einem Frottiertuch. Auf das Frottieren muß streng geachtet werden, man darf es niemals unterlassen, weil die Odstrahlung dadurch sehr vermehrt wird. Allzuvieles Baden soll während der Entwicklungszeit vermieden werden – es genügt, wenn der Schüler zweimal wöchentlich ein Bad nimmt, dem aber jedesmal ein ausgiebiges Frottieren des Körpers folgen muß. Ein längeres Verweilen im Wasser hat einen großen Odentzug zur Folge. Wer während des Entwicklungsstadiums täglich badet, hat für die Übungen wenig Odkraft zur Verfügung. Jedenfalls aber muß auf eine peinliche Reinlichkeit des Körpers geachtet werden. Die Hautporen dürfen nicht verstopft sein, damit eine kräftige Hautatmung nicht behindert wird.

Allzu dichte Kleidung ist selbst im Winter nicht zu empfehlen – es gibt warme, aber poröse Kleiderstoffe, die die Haut anregen, selbst einen dichten Wärmemantel um den Körper zu bilden. Man muß sich viel in frischer freier Luft bewegen. Der Schüler soll sehr darauf achten, seine berufsfreie Zeit so viel als tunlich im Freien zuzubringen.

Eine gute Abhärtung bringt auch das Luftbad, welches in jeder Jahreszeit durchgeführt werden kann, im Winter im vorher gut durchlüfteten und gewärmten Zimmer, im Sommer bei offenem Fenster oder im Freien. Man setze den nackten, nur mit einer Schwimmhose bekleideten Körper täglich mindestens eine halbe Stunde auf diese Art der Luft aus, und mache sich während dieser Zeit tüchtig Bewegung. Der Schüler kann die weiter unten folgenden, sehr nötigen gymnastischen Übungen mit dem Luftbad in Verbindung bringen.

Bevor wir diese Übungen angeben, müssen wir auch den Schüler darauf aufmerksam machen, daß er seiner täglichen Leibesreinigung die größte Sorgfalt zuwenden muß. Nötigenfalls gebe er sich lauwarme Klystiere, welchen stets ein kleines, kühleres Bleibeklystier folgen muß. Er darf auf keinen Fall eine Ansammlung verbrauchter Stoffe längere Zeit in seinen Gedärmen dulden, denn das würde die Wirkung vieler Übungen sehr beeinträchtigen.

Die von Stufe zu Stufe zu höheren Leistungen fortschreitende Atemtechnik verlangt auch ein Reinhalten der Nasenkanäle. Der Schüler soll sich angewöhnen, täglich bei seiner Morgentoilette dreimal aus der hohlen Hand lauwarmes Wasser durch die Nase aufzuziehen und es durch den Mund wieder herauszulassen. Nach einigen Sekunden zieht er auf dieselbe Art etwas kälteres Wasser ein. Leidet er an Erkältungen, so empfehlen wir ihm, sich außerdem jeden

Abend die inneren Nasenräume mit etwas Vaseline ein-
zuschmieren.

Wir kommen nun zu den schon an früherer Stelle erwähnten Übungen der Körpergymnastik. Diese Übungen sind ungemein wichtig und nötig, da sie nicht nur die Säftezirkulation
regeln, physische Kraft erzeugen und die Gesundheit fördern,
sondern sie dienen auch als Einleitung für die verschiedenen
Hatha-Yoga-Übungen. Alle Entwicklungssysteme, die den
Schüler ohne körperliche Vorbereitung zu Hatha-Yoga-Übungen anleiten, sind nicht nur einseitig, sondern auch gefährlich. Die Technik der Hatha-Yoga verlangt Körperstellungen,
die ohne eine vorhergegangene Muskeltrainierung leicht schädigen kann, mindestens aber wird der Erfolg sehr beeinträchtigt.

Für die körpergymnastischen Übungen gelten folgende
allgemeine Vorschriften:

Wer es ermöglichen kann, mache diese Übungen bei lee-
rem Unterleib möglichst kurz vor der Mittags-Mahlzeit. Zwischen dem Ende der Übung und dem Anfang des Essens soll
aber eine Ruhepause von mindestens 15 Minuten liegen. Wer
nur über eine kurze Mittagspause verfügt, soll diese Übungen
vor dem Abendessen durchführen. Vor jeder Übung soll eine
Harnentlassung vorgenommen werden. Der Schüler übe, wie
schon erwähnt, nackt und nur mit einer Schwimmhose bekleidet. Diese Übungen müssen täglich vorgenommen und sollen
ohne Hast und ohne Übertreibung, aber straff und mit ange-
spannter Muskulatur durchgeführt werden. Man hüte sich vor
jedem Zuviel und halte sich genau an die Vorschriften. Nach
jeder Übung wird der Körper frottiert, bis er ganz warm ist,
was man sehr leicht selbst mit einem langen Frottiertuch
bewerkstelligen kann. Wo es angegeben ist, wird eine Tiefatmung eingeschoben, die nicht vergessen werden darf. Bei
den Übungen muß der Mund geschlossen sein, das Atmen
geschieht durch die Nase.

Zu Beginn der Übung stelle man sich mit geschlossenen

Fersen in strammer Haltung hin und beachte, daß die Brust herausgedrückt und die Wirbelsäule eingezogen sein muß. Dann mache man durch die Nase eine ausreichende Tiefatmung.

1. Mit geballten Fäusten nehme man die Arme an die Brust und stoße sie dann kraftvoll vorwärts. Das mache man zehnmal. Die gesamte Armmuskulatur muß bei beiden Bewegungen straff angespannt sein.

2. Die Arme werden nun abermals an die Brust gezogen und dann mit geballten Fäusten straff seitwärts gestoßen. Diese Bewegungen werden auch zehnmal durchgeführt.

3. Die Arme mit geballten Händen werden an die Brust gezogen und straff nach oben gestoßen. Zehnmal.

4. Armstoßen in gleicher Weise nach unten. Zehnmal.

5. Tiefatmen durch die Nase.

6. Bei straffer Stellung der Beine beuge man den Körper vor- und rückwärts in horizontale Lage, sechsmal hintereinander.

7. Man stemme die Arme in die Hüften und beuge den Rumpf bei straffen, festgeschlossenen Beinen nach links und nach rechts soweit es möglich ist, sechsmal hintereinander.

8. Tiefatmen durch die Nase.

9. Die Arme werden in die Hüften gestemmt. Nun hebe man abwechselnd das linke und das rechte Bein in starker Kniebeugung so hoch, daß das Knie nahe der Brust kommt. Dabei muß der Oberkörper stramm und unbeweglich gehalten werden, ebenso das ruhende Bein. Die Übung wird fünfmal hintereinander gemacht.

10. Die Fersen fest geschlossen, die Arme in den Hüften; der Oberkörper stramm und unbeweglich. In dieser Haltung erhebe man sich auf die Fußspitzen und lasse sich achtmal niedersinken, so daß das Gesäß in die Nähe der Fersen kommt, aber auf denselben nicht aufliegen darf.

11. Man steht aufrecht und hat die Hände in die Hüften gestützt. Abwechselnd wird das linke und das rechte Bein wie

bei der Übung Nr. 9 hochgehoben und mit voller Muskelanspannung nach vorn gestreckt. Das ruhende Bein und der Oberkörper müssen stramm und unbeweglich bleiben. Diese Übung wird mit jedem Bein fünfmal durchgeführt.

12. Tiefatmen durch die Nase.

13. Übung 1 dreimal, gleich anschließend Übung 6 zweimal, dann Übung 10 zweimal, Übung 2 dreimal, Übung 7 zweimal, Übung 9 zweimal, dann Übung 3 dreimal, Übung 11 zweimal und Übung 4 dreimal. Diese kombinierte Übung ist ohne Ruhepause durchzuführen.

14. Tiefatmen durch die Nase.

Wenn der Schüler die Überzeugung gewonnen hat, daß er die Übungen der ersten Stufe voll und ganz beherrscht, so mag er dieselben durch die nachstehenden Übungen ergänzen.

Die Übung mit dem Spiegel zum Zwecke der Muskelbeherrschung bleibt; ebenso die Ruheübung mit den geschlossenen Knien und Fersen und der Konzentration auf das Christusbild.

Dagegen kann das Sortieren der Körner bzw. das Lösen des verwirrten Wolleknäuels wegfallen. Man soll diese Übung nunmehr nur dann machen, wenn man sich ungeduldig oder zum Zorn geneigt fühlt. In einem solchen Augenblicke zwinge man sich sofort dazu.

Der Schüler darf unter keinen Umständen mehr eine solche Regung ausströmen lassen, sondern muß sie augenblicklich bekämpfen, denn das sind die größten Feinde einer erfolgreichen Entwicklung. Zorn und Ungeduld sind die größten Kräftezersplitterer, leichtsinnigen Menschen vergleichbar die ihr Gut und Habe in toller Hast verschleudern und verjubeln.

Man gewöhne sich an, stets einen Becher mit solchen Körnern bzw. ein stark verwirrtes Knäuel Wolle bei sich zu tragen, um sie gegebenenfalls sofort verwenden zu können.

Man wird zu diesem Zwecke am besten einen flachen Becher kaufen, wie er bei Touristen üblich ist und der bequem in der Tasche getragen werden kann.

Wir gehen nun zu der für den Anfänger so sehr wichtigen Atemübung über. Der Schüler hat dieselbe bis zu 15 Sekunden, also die einmalige Atemprozedur bis auf 3/4 Minuten gesteigert. Seine Lunge ist jetzt an das Voll- und Tiefatmen gewöhnt. Trotzdem übt er in der in Stufe I beschriebenen Weise weiter nur wird unmittelbar daran noch folgendes Experiment angeschlossen.

Man atmet bei geschlossenem Munde stoßweise durch die Nase ein. Es werden hintereinander zehn bis fünfzehn kurze Atemzüge genommen (ohne dazwischen auszuatmen) bis die Lunge ganz mit Luft angefüllt ist. Der Vorgang ist ähnlich, wie wenn man sich in schlechter Luft befindet oder gezwungen ist, scharfe, reizende Düfte einzuatmen. In solchen Fällen vermeidet man es auch in langen Zügen einzuatmen. Hat man nun mit der obigen Anzahl ganz kurzer Atemzüge die Lunge angefüllt, dann wird der Atem noch einige Sekunden zurückgehalten, um schließlich mit einem einzigen langen Zuge durch die Nase wieder entfernt zu werden. Diese Übung, die stets dreimal hintereinander gemacht werden soll, folge vorläufig auf jede andere Atemübung und dient der Reinigung der Lunge.

Auch die Übung mit dem schwarzen Kreis wird beibehalten, nur wolle der Schüler jetzt einen Kreis nehmen, der kleiner ist, ungefähr nur ein Markstück groß. Außerdem läßt sich diese Übung auch noch dadurch unterstützen, daß wir tagsüber, bei jeder sich bietenden Gelegenheit, wenn wir z. B. uns in unserer Arbeit eine kleine Pause gönnen, für einige Minuten einen scharf hervortretenden Punkt irgendeines Gegenstandes in das Auge fassen und denselben unverwandt ansehen, ohne die Stellung des Auges zu verändern und ohne zu blinzeln oder mit den Lidern zu zucken.

Die „Plastisch-Denkübung" mit Gegenständen wird fortgesetzt, doch empfiehlt es sich jetzt, die Augen dabei geöffnet zu halten. Dadurch wird dieses Experiment allerdings etwas schwerer werden, denn nun heißt es, die Gegenstände mit der größten körperlichen Deutlichkeit vor den leiblichen Augen zu sehen. Hier muß die Einbildung sehr viel nachhelfen, man muß sich mit Aufgebot der ganzen Willenskraft zwingen bei offenem Auge die Gegenstände in der Luft schweben sehen zu wollen!

Der Schüler muß auch seine Aufmerksamkeit auf ein fortgesetztes plastisches Denken richten. Die meisten Menschen denken nur mit Worten und nicht mit Vorstellungen. Der Schüler muß sich bestreben beides zugleich zu tun. Jedes Wort muß sich sofort mit der ihm zugehörigen Vorstellung verbinden, und zwar mit intensiver lebenswarmer Klarheit und Plastik. Wer z. B. einen Satz denkt, der von Gegenständen handelt, gewöhne sich an, diesen Gegenstand und die mit ihm verbundene Handlung gleichzeitig mit dem gedachten Wort in plastisch greifbarer Deutlichkeit vor seinem geistigen Auge aufsteigen zu lassen.

Nach und nach muß es ihm gelingen, seine ganze Gedankenwelt so intensiv zu gestalten, daß sie sofort im Moment des Entstehens nicht nur mit plastischen Vorstellungen, sondern auch mit lebenswarmen Empfindungen verbunden ist. Richtig denken heißt – alles Gedachte geistig miterleben!

Wir müssen nun beginnen, uns in der Gedankenkonzentration zu üben. Je schärfer wir imstande sind unsere Gedanken ausschließlich auf einen Mittelpunkt zu konzentrieren, gleichsam wie man die Sonnenstrahlen in einem Brennglase auffängt, desto mehr ziehen wir uns von den Eindrücken der Außenwelt ab.

Wir nehmen uns einen täglichen Gebrauchsgegenstand zur Hand, wie etwa eine Schere, ein Taschenmesser, einen Bleistift usw. Dabei aber wollen wir beachten, daß es für den Anfänger angezeigt ist, nicht allzu einfache Gegenstände zu wählen, denn je einfacher ein Gegenstand ist, desto schwerer ist die Konzentration auf ihn. Ein Taschenmesser z. B. wird in dieser Hinsicht gewiß weniger Schwierigkeiten bilden als ein Bleistift oder gar ein unbeschriebenes Blatt Papier.

Der Schüler suche einen abgeschlossenen Raum auf, in welchem er nicht gestört werden kann, setze sich bequem nieder und verschließe seine Ohren mit Wattepfropfen, welche tüchtig mit Wachs durchknetet und an einer Schnur befestigt sind, woran man sie leicht wieder aus dem Ohre herausziehen kann. Bevor man sie in das Ohr steckt, mag man sie immer erst etwas durchkneten, um sie weicher zu gestalten und in eine birnenartige Form zu bringen. Hat man nun auf solche Weise seine Ohren hermetisch verschlossen, so daß kein Geräusch hindurchzudringen vermag, so legt man den erwählten Gegenstand vor sich auf den Tisch und zwingt seine Gedanken, sich ausschließlich nur mit demselben zu beschäftigen. Der Gedankengang, der sich hierbei entwickelt, befaßt sich vorläufig nur mit dem Äußeren und dem Zwecke dieses Gegenstandes. Hat man z. B. eine Schere gewählt, so würde man folgenden Gedanken Raum geben:

„Das ist eine Schere. Sie besteht aus zwei Teilen, die durch eine Niete zusammengehalten sind. Jeder dieser Teile ist an der Innenseite scharf geschliffen und hat unten am Handgriff eine nullförmige Ausrundung, die zur Aufnahme der Finger dient. Die Schere ist aus Metall gemacht, ungefähr 15 Zentimeter lang und schön poliert. Sie ist schon seit längerer Zeit in meinem Besitz und dient mir zum Zerschneiden von Papier, Stoffen u. a."

Hat man nun diese Gedanken zu Ende gedacht, so muß man jedesmal blitzschnell, ohne auch nur dem geringsten anderen Gedanken inzwischen Raum gegeben zu haben, wieder von vorne anfangen. Dieses Experiment wird durch volle 5 Minuten eingehalten. Dabei aber muß man bedacht sein, daß kein anderer Gedanke diese Konzentration stört — man muß immer und immer wieder dieselben Gedanken festhalten. Sobald sich ein anderer Gedanke einzuschleichen sucht, muß er sofort wieder vertrieben werden, und zwar mit aller Energie und Willenskraft. Für den Schüler darf es für die Dauer der Konzentration nichts mehr im Universum geben als den Gegenstand, auf den er konzentriert und er selbst, d. h. seine Gedanken. Das Gefühl seiner Körperlichkeit, sowie alles um ihn herum muß vollständig versinken.

Nur dann, wenn dieser Zustand eintritt, was erst in einem späteren Stadium geschehen kann, ist die Konzentration vollkommen. Der Schüler soll speziell auf diese Übung sehr viel Sorgfalt verwenden. Die Konzentration entwickelt die Willenskraft und ist der Hebel, der bei den meisten magischen Experimenten zur Anwendung gelangt.

Der Schüler muß sich ferner angewöhnen, stets positiv zu denken. Er muß von dem Bewußtsein sich durchdrungen fühlen, daß er ein Teil ist der Allmacht, der Allkraft, des Allwissens und der Alliebe. Er muß die drei Hauptprinzipien der Neugedankenlehre in sich lebendig werden lassen, die sich in folgenden drei Sätzen konzentrieren:

„Ich bin – ich will – ich kann!"

Wer sein Denken, Fühlen und Wollen in Einklang mit der All-Harmonie zu bringen bestrebt ist, wird stets positiv, stets bejahend denken. Furcht, Sorge, Zweifel und wie sie alle heißen, diese großen Feinde der Menschheit, müssen für den Schüler langsam die Existenzberechtigung verlieren. Wer auf Sieg denkt und ihn ernstlich will, wird ihn erringen. Wer auf Niederlage denkt, wer sich von Furcht und Zweifel entmutigen läßt, wird unterliegen. Der Schüler muß sich angewöhnen, bei allen Handlungen seines Lebens – selbst bei kleineren und unwichtigen – die siegesfrohe Zuversicht des Gelingens zu erwecken. Wenn sich anfänglich trotzdem ein Mißerfolg ab und zu einstellt, so lasse er sich dadurch keineswegs entmutigen. Er halte sich dann vor Augen, daß den Mißerfolg nur er allein verursacht hat. Er suche ernstlich den Grund, und er wird ihn finden. Nicht bei anderen soll er die Ursache des Mißlingens suchen, sondern stets bei sich selbst. Eine solche Selbstkritik wird ihm dann zeigen, daß er es entweder an Vorsicht, Achtsamkeit, Fleiß oder an der nötigen geistigen Durchdringung der Sache fehlen ließ. Und eine solche strenge Selbstkritik bei allen mißlungenen Handlungen wird ihm Segen bringen, denn sie wird ihm zum Lehrer werden.

Der Schüler muß auch sein Gedächtnis üben und stärken. Er wird später durch okkulte Experimente sein Gedächtnis schärfen; vorerst aber ist es nötig, das Ziel teilweise auf mechanischem Wege zu erreichen. Dadurch wird auch die Willenskraft gestärkt.

Alle erfolgreichen Menschen erfreuen sich eines guten Gedächtnisses. Wer vergeßlich ist, versäumt die günstige Zeit und bringt sich Schaden. Vergeßlichkeit führt auch zur Nachlässigkeit.

Der Schüler memoriere fleißig. Alles Gelesene suche er womöglich wortgetreu zu behalten. Man übe vorher nur an kleinen Lesestücken. Sofort nach dem Lesen rufe man sich das Gelesene noch einmal in das Gedächtnis zurück und halte sich dabei an die Worte des Originals. Man durchdenke alles plastisch und mit großer Aufmerksamkeit und Konzentration und lasse sich durch Eindrücke von außen in keiner Weise stören. Man wiederhole diesen Vorgang einigemal und bringe das Gedachte zu Papier, um es mit dem Original zu vergleichen. Nach ein oder zwei Stunden zwinge man sich nochmals zu einer wortgetreuen schriftlichen Wiedergabe aus dem Gedächtnis und stelle abermals Vergleiche mit dem Original an. Wenn ein halbwegs günstiges Resultat zustande kommt, so kann man andere Lesestücke wählen. Diese Übung kann zu jeder Zeit des Tages durchgeführt werden, wenn möglich mehrmals, so oft eben der Schüler Zeit und Gelegenheit hat.

Auch das Rückwärtsdenken übt das Gedächtnis. Man zwinge sich vorerst die Zahlen von 1—10, die Tonleiter, später das Alphabet und schließlich irgendeinen Satz von rückwärts nach vorn zu sprechen. Diese Übung, die unzählige Variationen zuläßt, wird dem Schüler dringend empfohlen. Er stelle sich aber anfänglich keine schwierige Aufgabe; erst nach und nach steigere er die Anforderungen, bis es ihm gelingt, kleinere Aufsätze und Gedichte von rückwärts nach vorn aus dem Gedächtnis fehlerfrei zu sprechen.

Wir sagten schon früher, daß wir beständig eine feinstoffliche Substanz aus unserem Körper ausstrahlen. Wir nennen diese Ausstrahlung (nach Dr. Karl v. Reichenbach) das „Od". Der Name stammt von dem nordischen Gott „Odin", der Weltordner. Dieses Od erfüllt das ganze Universum; es entstrahlt allen organischen und anorganischen Körpern. Dem menschlichen als auch jedem Tierkörper entströmt Od, aber auch der Pflanze, dem Mineral usw. Wir erzeugen durch unseren Chemismus fortwährend Od und überstrahlen (verladen) es bei jeder Bewegung, bei jedem Atemzug, auf alle Gegenstände, die wir berühren, usw.

Die wissenschaftlichen Entdeckungen der Neuzeit stellen bereits mit Sicherheit fest, daß alles strahlt. Die geheimnisvollen N.-Strahlen z. B. sind entschieden identisch mit dem Od, das wurde durch die Experimente der französischen Gelehrten Blondlot und Charpentier bestätigt. Die grobstoffliche Materie ist also in einer fortwährenden Selbsterzeugung einer feinstofflichen strahlenden Materie begriffen. Diese Tatsache ist bereits durch die photographische Platte erwiesen worden, die in lichtdichter Kassette eingeschlossen, sich in der Handform schwärzte, wenn man längere Zeit eine Hand auf die betreffende Kassette legte.

Das meiste Od entströmt den Händen, Füßen, Haaren und Augen. Und darauf gründet sich im wesentlichen der persönliche Eindruck, den ein Mensch auf den andern macht: „Auf die Quantität und Qualität seiner Strahlung."

Und da das Od der materielle Träger der Gedanken und auch der psychischen Eigenschaften ist, so wird es begreiflich erscheinen, daß ihm im „persönlichen Magnetismus" eine große

Rolle zugewiesen ist. Und daher halten wir es für unsere nächste Aufgabe, diese odische Strahlung zu sehen, damit wir sie bewußt zur Anwendung bringen können. Diesem Zweck diene folgende Übung:

Der Schüler nehme jeden Abend zu einer bestimmten Stunde ein Lesepult und behänge es mit einem schwarzen Tuch. In Ermangelung eines solchen Pultes kann man auch ein sehr großes Buch nehmen und es so auf den Tisch stellen, daß die beiden Einbanddeckel auf der Tischplatte auseinander stehen und der Rücken oben ist. Über dieses improvisierte Pult wird nun ebenfalls ein schwarzes Tuch geworfen, oder aber man legt vor die eine schiefe Fläche einen Bogen schwarzes Papier. Nun legt man den rechten Arm so auf die Tischplatte, daß die ausgestreckte Hand über die schwarz behangene schiefe Fläche des Pultes bzw. des Buchdeckels zu liegen kommt. Die linke Hand mag den rechten Arm unterstützen, damit die Ermüdung länger zurückgehalten wird. Es ist nicht nötig, daß die innere Handfläche direkt auf dem schwarzen Untergrund aufliegt, sondern es kann dieselbe ungefähr einen Zentimeter davon abstehen. Die Beleuchtung des Zimmers hat man schon vor Beginn der Übung so reguliert, daß die Lampe in größerer Entfernung hinter dem Pult (auf keinen Fall aber hinter dem Rücken des Übenden) postiert ist. Die schwarze Fläche darf also nicht beleuchtet sein. Überhaupt soll im Zimmer nur ein schwaches Dämmerlicht herrschen, das dem Übenden aber immerhin noch erlaubt, die Umrisse seiner Hand deutlich auf dem schwarzen Untergrund zu erkennen. Wenn es die Umstände ermöglichen, so ist eine rote Beleuchtung vorzuziehen. Der Sinn des Experimentes liegt nun darin, daß man seine ganze Willenskraft aufzuwenden hat, um die erwähnte Strahlung vorerst aus seinen Fingerspitzen und bei späteren Übungen auch aus seinem Handrücken heraustreten zu sehen, und zwar in Form leichten Nebels, der sich nach und nach immer kräftiger von der schwarzen Fläche abheben wird. Es ist ganz individuell, wann der gewünschte

Erfolg eintreten wird, bei dem einen Schüler vielleicht schon bei der dritten oder vierten Sitzung, bei anderen erst später. Eintreten muß der Erfolg, denn die odische Strahlung ist eine durch das wissenschaftliche Experiment bereits nachgewiesene Tatsache. Oberst de Rochas, ehem. Direktor des Polytechnikums zu Paris, beschäftigt sich unausgesetzt mit der Exteriorisation des menschlichen Ods und es ist ihm schon mehrfach gelungen, diese Ausstrahlungen auf die photographische Platte zu bringen. Auch Professor Crookes, Camille Flammarion, Professor Lombroso, Professor Morselli u. v. a. beschäftigten sich intensiv teils in Verbindung mit Rochas, teils unabhängig von ihm, mit solchen Experimenten und erzielten die gleichen Erfolge. Der Schüler kann deshalb überzeugt sein, daß sein Körper in der beschriebenen Weise dieses Fluid entsendet und er wird es auch sehen, sofern er es sehen „will". Er mag es sich zuerst mit einer lebhaften Fantasie einbilden, und aus der Imagination wird endlich die Wirklichkeit.

Der Gipfel des geschilderten Experiments ist schließlich darin zu sehen, daß, wenn man auf dieses entströmende Od hinbläst, es sich nach dieser Richtung hin bewegt, gleichwie wenn man in Rauch bläst. Diese Übung soll 15 Minuten währen, kann aber auch, wenn es die Zeitverhältnisse des Schülers gestatten, beliebig ausgedehnt werden. Dieses Strahlensehen ist ebenfalls eine sehr wichtige Übung und soll von dem Schüler täglich und mit viel Fleiß ausgeführt werden, da sie in der weiteren Folge ebenfalls ein wichtiger Teil der Entwicklung okkulter Kräfte ist.

Es muß nun etwas getan werden, um die Entwicklung unserer Willenskraft zu beschleunigen. Wir müssen uns besser in die Hand bekommen. In erster Linie müssen wir trachten, unser seelisches Gleichgewicht unter allen Umständen zu erhalten. Wir müssen, ohne deshalb asketisch zu werden, uns so viel als möglich von unseren Leidenschaften befreien. Wir müssen den Zorn, die Selbstsucht, die allzugroße Sinneslust, Unwahrheit, Ungeduld, alle die vielen Widersacher der Harmonie, mit unbarmherziger Strenge bekämpfen lernen. Das aber ist nur möglich, wenn wir uns einmal in unserer seelischen Nacktheit erkennen, ohne jede Beschönigung, ohne jede Verhüllung. Und zu einem solchen Erkennen führt nur ein Weg und dieser heißt „Selbsterkenntnis".

Wir müssen so oft als möglich eine unparteiische „Innenschau" üben. Zu diesem Zwecke ziehen wir uns mehrmals in der Woche abends zurück und unterziehen unser vergangenes Leben einer scharfen Kritik. Wir müssen über uns und unsere Handlungen zu Gericht sitzen, nicht wie der Freund über den Freund, der Bruder über den Bruder, sondern wie ein unbarmherziger strenger Richter über den Angeklagten. Vor dem prüfenden Blick dieses inneren Richters muß aller Schliff der Kultur, alle anerzogene gesellschaftliche Form fallen und da werden wir wenig erfreut sein über den wahren Zustand unseres inneren Menschen. Haben wir diesen aber nun wirklich erkannt, so wäre es sehr unrecht, uns mit einer unangebrachten Reue zu quälen.

Der Neugedankenschüler kennt keine Reue, denn das sind negative Gedanken, und er darf nur positiv denken. Er muß sich durchdrungen fühlen von dem allmächtigen Willen zum Guten. Er muß den Kampf aufnehmen mit sich selbst, er muß suchen wahr, gerecht und selbstlos zu werden. Er muß menschlich und nachsichtig gegen andere, aber um so strenger gegen sich selbst werden.

Diese Innenschau nun wird uns helfen da anzupacken, wo es nottut. Wenn wir mit ihrer Hilfe unsere schwache Seite erkannt haben, werden wir wöchentlich mindestens dreimal folgende Übung vornehmen. Gesetzt den Fall, wir haben herausgefunden, daß unsere schwersten Fehler der Zorn und die Sinnlichkeit sind. Wir werden uns in unser Zimmer abschließen und über den Zorn nachdenken, wir werden uns in den Zustand versenken, in welchen wir durch den Zorn geraten, wir steigern das Gefühl so intensiv, daß wir beinahe Zorn empfinden, um uns dann blitzschnell in das Gegenteil zu versetzen. Wir zwingen uns sofort zu Gedanken der Ruhe, der Harmonie und des Friedens. Wir stellen uns mit lebhafter Einbildungskraft einen Menschen vor, der von solchen Gefühlen beseelt ist und lassen auch uns davon ergreifen. Das ist eine sehr heilsame Übung, nur müssen wir darauf bedacht sein, unsere Gedanken so viel als möglich auf unser Vorhaben zu sammeln und fremden Gedanken keinen Einlaß zu gewähren.

In ähnlicher Weise üben wir bei dem anderen Fehler. Wir versenken uns in sexuell sinnliche Gedanken, um uns bald mit großer Willenskraft davon loszureißen und den Gedanken der Tugend, Keuschheit und Entsagung Raum zu geben. Wir rufen uns unsere göttliche Abstammung in Erinnerung und denken an unser erhabenes Ziel, das mit den tierischen Wünschen und Begierden nichts zu schaffen hat usw.

Die in Stufe I für den Abend und vor dem Einschlafen angegebenen Übungen sollen fortgesetzt werden; man suche auch fernerhin mit Gedanken des Friedens und der Ruhe einzuschlafen. Auch die Morgenübung bleibt bestehen; nach der Atemübung muß, wie früher, die Erfolgübung gemacht werden.

Die vorstehenden Übungen sind bei normaler Entwicklung ebenfalls auf ungefähr 14 Tage berechnet. Doch sei der Schüler darauf bedacht, die Übungen der nächsten Stufe nur dann vorzunehmen, wenn er die Überzeugung gewonnen hat, den Übungsstoff dieser Stufe praktisch voll und ganz sein eigen zu nennen. Jedes Hasten und ungestüme Vorwärtsdrängen ist zwecklos und führt nur zu Mißerfolgen und Entmutigungen. Wer langsam aufwärts steigt, erreicht den Gipfel ohne Gefährdungen; wer unvorsichtig vorwärts stürmt, steht fortwährend in Gefahr auszugleiten.

3. Stufe

Nach wie vor wird dem Schüler aufgetragen, eine vernünftige Lebensweise einzuhalten und alles anzuwenden, um den Körper so viel als möglich abzuhärten. Selbstverständlich müssen dabei alle Extreme vermieden werden, nur der vernunftgemäße Weg, die „goldene Mittelstraße", führt zum Ziele ohne Entgleisung, ohne Irrtümer und schmerzliche Enttäuschungen.

Die täglichen Waschungen, Frottierungen, Nasenreinigungen werden auch weiterhin fortgesetzt.

Der Schüler der Neugedankenlehre entwickelt Selbstbewußtsein. Dieses Selbstbewußtsein muß durch den Körper auch nach außen zur Geltung kommen in seinem Gang und seiner Haltung. Wer mit geneigtem Kopfe oder mit gekrümmtem Rücken einhergeht, dem wird man wohl kaum Kraft und Energie zutrauen, und wer den tänzelnden Schritt eines Sohlengängers hat, verrät dadurch Leichtfertigkeit, Weichlichkeit und Oberflächlichkeit. Die Haltung des Schülers sei aufrecht. Die Schultern müssen zurückgezogen sein, die Brust herausgehoben und die Wirbelsäule eingezogen. Der Kopf sei weder nach vorn noch nach hinten geneigt, damit den Augen nach allen Seiten ein freier Spielraum gegeben wird. Die späteren Atemvorschriften bedingen diese Haltung. Bei derselben gibt es nur einen Schritt und das ist der Hackenschritt: man tritt mit den Fersen an. Allerdings muß man sich bestreben, immer nur ganz leicht mit den Fersen anzutreten, was sich mit einiger Übung schon bewerkstelligen läßt. Wer mit den Fersen zu hart antritt oder gar auf den Boden aufschlägt, gerät nur zu leicht in den militärischen Schritt, die Haltung wird gezwungen aufrecht und dadurch „unfrei". Der Schüler wird an späterer Stelle, besonders bei Erlernung des „rhythmischen Atems beim Gehen", erst begreifen, warum jetzt schon auf Gang und Haltung Einfluß genommen werden soll.

Die in der 2. Stufe angegebenen körpergymnastischen Übungen werden jetzt so vorgenommen, daß immer ein Tag dazwischen bleibt, an dem die weiter unten angeführten gymnastischen Übungen durchzuführen sind. Wir wollen die Übungen für die Körpergymnastik der 2. Stufe mit A bezeichnen und die der vorliegenden Stufe mit B. Es wird also von nun an die Gruppe A den einen Tag, Gruppe B den zweiten Tag, Gruppe A den dritten, Gruppe B wieder den vierten Tag usw. regelmäßig geübt.

Gruppe A erhält aber eine Abänderung bzw. Ergänzung. Es wird Übung 1–4 nunmehr sechsmal, Übung 6 und 7 fünfmal, Übung 9–11 dreimal mit jedem Bein durchgeführt, worauf, wie bekannt, Punkt 12, Tiefatmen durch die Nase folgt. Hierauf wird die Ergänzung Punkt 13 und 14 angeschlossen, und zwar:

13. Man lege sich in gestreckter Lage mit dem Rücken auf den Teppich, so daß der Körper vollkommen waagerecht zu liegen kommt. Die Hände werden hinter dem Genick geschlossen. Nun hebt man den Rumpf langsam bis zur senkrechten Stellung empor, ohne aber im geringsten die Beine zu bewegen, dieselben müssen sowohl bei den Knien als auch an den Füßen fest geschlossen bleiben. Nur der Rumpf allein hat die Aufwärtsbewegung bis zur sitzenden Stellung zu bewirken. Sodann ist auf die gleiche Art, wieder ohne jede Beinbewegung, in die Rückenlage langsam zurückzukehren. Diese Übung, die anfangs etwas schwierig sein wird, muß dreimal hintereinander gemacht werden.

14. Man lege sich, lang ausgestreckt, mit der Brust auf den Teppich und lege die Hände flach auf. Nun erhebt man ganz langsam den ganzen Körper, bis er auf den ausgestreckten Armen und den Fußspitzen ruht. Auch bei dieser Übung müssen die Beine fest geschlossen bleiben. Hierauf läßt man sich ebenso langsam wieder auf den Boden zurücksinken. Diese Übung wird ebenfalls dreimal hintereinander vollführt.

15. Tiefatmen durch die Nase.

16. Nun schließt die kombinierte Übung ohne Pause an, wie folgt. Übung 1 dreimal, gleich anschließend Übung 6 zweimal, dann Übung 10 zweimal, Übung 2 dreimal, Übung 7 zweimal, Übung 9 zweimal, Übung 3 dreimal, Übung 11 zweimal, Übung 4 dreimal, Übung 13 einmal und Übung 14 einmal. Darauf folgt:

17. Tiefatmen durch die Nase.

Man soll nicht vergessen, den Körper nach beendeter Übung der ganzen Gruppe stets zu frottieren und sich dann eine Ruhepause von mindestens 15 Minuten zu gönnen welche man am besten in liegender Stellung auf dem Sofa zubringt. Wer noch nicht abgehärtet genug ist, mag sich aber dabei mit einem leichten Tuch bedecken.

An den Zwischentagen wird Gruppe B durchgeführt, und zwar:

Man stehe in strammer Haltung, mit geschlossenen Fersen, herausgedrückter Brust und eingezogener Wirbelsäule. Nun mache man eine Tiefatmung durch die Nase.

1. Die Arme werden mit geschlossenen Fäusten an die Brust bis zur Achselhöhle herangezogen. Nun stoße man die Fäuste kraftvoll nach rückwärts. Die Muskeln müssen angespannt sein. Diese Übung mache man sechsmal.

2. Die waagrecht vorgestreckten, straff angespannten Arme werden nach rechts und nach links mit kraftvollem Schwunge hin und her bewegt, so daß sie einen Halbkreis beschreiben. Diese Übung entspricht der Bewegung des Schnitters mit der Sense, nur daß der Oberkörper aufrecht bleiben muß, auch darf die Fußstellung nicht verrückt werden. Die Beine bleiben festgeschlossen und die Knie eingezogen. Man mache 6 solche Schnitterbewegungen hintereinander.

3. Die nach oben gestreckten Arme werden bei großer Muskelanspannung so nach unten und wieder nach aufwärts bewegt, daß sie einen Kreis beschreiben. Man muß bei der oberen Kreishälfte trachten, die Arme so nahe als möglich

beim Kopf vorbeizuführen. Diese Übung wird sechsmal hintereinander vollführt.

4. Tiefatmen durch die Nase.

5. Man steht mit festgeschlossenen Beinen und stützt die Arme in die Hüften. Dann beschreibt man mit dem Rumpf, der sich nur in den Hüften drehen darf, einen weiten Kreis von rechts nach links oder umgekehrt. Man mache diese Übung fünfmal.

6. Stramme Stellung mit festgeschlossenen Beinen. Man neige den Oberkörper nach vorne. Und nun führe man eine Art Sägebewegung durch, und zwar derart, daß der eine Arm mit großer Kraft nach vorn abwärts und der andere Arm zu gleicher Zeit mit gebeugtem Ellenbogen und angespannten Muskeln nach hinten aufwärts geführt wird. Diese Bewegung soll nicht zu schnell durchgeführt werden. Man mache sie fünfmal hintereinander.

7. Man stehe, die Beine seitwärts ausgespreizt und die Muskeln stramm angezogen. Beide Arme werden ausgestreckt über den Kopf gehalten. Nun führe man den Oberkörper mit Kraft nach abwärts, als wolle man Holz spalten. Diese Übung mache man ebenfalls fünfmal.

8. Tiefatmen durch die Nase.

9. Die Hände ruhen in den Hüften. Auf dem linken Fuße stehend, wird das rechte Bein ausgestreckt, soweit seitwärts nach oben geführt, als es möglich ist, hierauf führt man es wieder in die senkrechte Lage zurück. Dann beschreibt man mit demselben Bein einen Kreis nach vorwärts und rück-wärts. Beide Bewegungen werden nun mit dem linken Bein vollführt indem man unbeweglich auf dem rechten Beine steht. So abwechselnd macht man diese Übung sechsmal hintereinander.

10. Das ist dieselbe Übung wie in Gruppe A. Man läßt sich bei geschlossenen Fersen, indem man sich auf die Fußspitzen erhebt, langsam mit aufrecht gehaltenem Oberkörper hin-untersinken, bis das Gesäß die Fersen erreicht, ohne indes auf

ihnen aufzuliegen. Die Hände ruhen in den Hüften. Nun streckt man abwechselnd das rechte und das linke Bein waagerecht aus, soweit es möglich ist. Bei dieser Bewegung kann das Gesäß auf der Ferse des einen Beines ruhen. Man suche diese Übung, die sehr schwer ist, dreimal hintereinander durchzuführen. Jene Schüler, welchen die letztere Bewegung zu schwer fällt, wollen es bei Übung 10 Gruppe A bewenden lassen.

11. Tiefatmen durch die Nase.

12. Das ist Übung 13 von Gruppe A: das Erheben des Rumpfes aus der liegenden Rückenstellung. Diese Übung wird aber in Gruppe B fünfmal durchgeführt.

13. Das ist Übung 14 von Gruppe A: das Erheben des Körpers auf die Fußspitzen und die ausgestreckten Arme, aus der liegenden Brustlage. In Gruppe B soll diese Übung fünfmal durchgeführt werden.

14. Übung fehlt (D.R.)

15. Tiefatmen durch die Nase.

16. Kombinierte Übung. Dreimal Übung 1, zweimal Übung 5, zweimal Übung 9, dann dreimal Übung 2, zweimal Übung 6, zweimal Übung 10, hierauf dreimal Übung 3, zweimal Übung 7, zweimal Übung 12 und zweimal Übung 13.

17. Tiefatmen durch die Nase.

Als Vorbereitung für ein späteres Experiment soll der Schüler wöchentlich zweimal, womöglich in der Dämmerstunde, zu anderen Zeiten aber bei verdunkeltem Zimmer, folgende Übung machen.

Er lege sich recht bequem auf ein Sofa, womöglich ohne Anspannung der Muskeln, in ausgestreckter Rückenlage. Das Sofa soll mit dem Kopfende nach Norden und mit dem Fußende nach Süden gerichtet sein. Ein langes, leicht verschiebbares Ruhebett ist zu diesem Zweck besser zu verwenden, da der Kopf nur sehr wenig erhöht liegen soll. Die Hände liegen ausgestreckt neben dem Körper entlang. Es kommt nun bei dieser Übung darauf an, durch mindestens 25-30 Minuten sich nicht zu rühren. Es muß „absolute" Ruhe im Körper herrschen, kein Finger darf zucken, kein Muskel sich bewegen. Auch die Gedanken müssen zur Ruhe kommen. Man vermeide alle beruflichen oder sonst erregenden Gedanken – man muß sich einer künstlich hervorgerufenen „Langeweile" vollkommen überlassen. Und die Hauptsache ist, sich vor dem „Einschlafen" zu hüten! Mit wachen Augen und stumpfen apathischen Sinnen liege man in „absoluter" körperlicher und geistiger Ruhe.

Die Ruheübung, Sitzen mit geschlossenen Knien und Fersen braucht jetzt nicht mehr täglich vorgenommen zu werden – es genügt, wenn wir dieselbe nur jeden zweiten Tag durchführen. Wir müssen jetzt aber bei dieser Übung unsere Gedanken ausschließlich auf die hohen Tugenden von Christus (oder Sokrates, je nach Wunsch des Schülers) konzentrieren. Wir müssen langsam eine unstillbare Sehnsucht in uns erwecken, die uns antreibt, dem hohen Ideale näher zu kommen und die gleichen Tugenden zu entwickeln. Unser Sehnen muß sich hauptsächlich auf Harmonie und Nächstenliebe richten.

Dagegen wird die Spiegelübung jeden Tag gemacht, nur daß dieselbe eine kleine Erweiterung bzw. Umformung erfährt. Wir müssen in den Spiegel sprechen; wir müssen uns mit unserem Spiegelbild unterhalten, ohne jedoch auch nur im geringsten die Gesichtsmuskeln in Bewegung zu setzen. Nur die zum Sprechen nötigen Muskeln dürfen sich bewegen.

Wir stellen uns z. B. für die Dauer der Übung vor, das Spiegelbild wäre unser Bruder oder unsere Schwester und wir hätten ihm bzw. ihr eine wichtige Neuigkeit zu erzählen. Das müssen wir nun wirklich tun, d. h. wir sprechen klar und deutlich auf unser Spiegelbild ein und erzählen ihm irgendeine erfundene Geschichte. Die Hauptsache dabei ist, daß das ganze Gesicht fortwährend unbeweglich bleibt. Nun heißt es verschiedene Gemütsbewegungen zu Hilfe zu nehmen. Man versichert das Spiegelbild seiner Liebe, man tadelt es, oder man ist sehr erzürnt. Dann drückt man, selbstverständlich immer in Begleitung der angemessenen Worte, auch Furcht oder Trauer aus, Unentschlossenheit und ähnliches. Aber diese ganze Empfindungsskala muß unser Gesicht vollkommen ruhig lassen. Glatt, wie aus Marmor gemeißelt, muß es bleiben und der Effekt darf nur auf das Auge übertragen werden, d. h. dem Auge allein müssen alle die geschilderten Empfindungen entströmen, es muß Leid, Lust, Liebe, Verwirrung, Zorn usw. klar und deutlich ausstrahlen, ohne daß dabei die Umgebung des Auges in Mitleidenschaft gezogen wird. Kein Lid darf zucken, keine Falte gezogen werden. Auch die Stirne muß glatt bleiben, und der Mund darf nur die zum Sprechen nötigen Bewegungen machen und darf sich deshalb auf keinen Fall, z. B. beim Ausdruck der Freude oder der Liebe, zu einem Lächeln verziehen. Nur das Auge hat diese Gemütsbewegung durch seine Strahlung zu bezeugen, welche so stark sein muß, daß man sie deutlich dem Spiegelbild entströmen sieht.

Wem es an Phantasie gebricht, der mag sich anfänglich diese Übung insofern erleichtern, als er in den Spiegel ein dramatisch sehr bewegtes Gedicht, in welchem alle eben geschilderten Gemütsbewegungen vorkommen, hineinspricht. Selbstverständlich muß der Effekt derselbe sein. Marmorne Ruhe des Gesichtes – Entwicklung des Seelenauges.

Es kommt hier natürlich auf eine große Willenskraft an. Je mehr man imstande ist, die Gedanken auf die betreffende Gemütsbewegung zu konzentrieren, desto kräftiger wird die Wirkung sein. Diese Übung muß mindestens 15 Minuten währen und man soll derselben die größtmöglichste Aufmerksamkeit zuwenden.

Der Schüler muß sich angewöhnen, stets mit geschlossenem Mund und durch die Nase zu atmen. Sowohl auf der Straße, als auch zu Hause und während der Ausübung des Berufes. Er achte darauf, daß der Atemprozeß möglichst rhythmisch vor sich geht. Einatmen und Ausatmen soll langsam geschehen und in gleichen Zeiträumen, d. h. man soll darauf achten, zur

Ausatmung möglichst ebensoviel Zeit zu verwenden wir zur Einatmung. Das Atmen durch die Nase zwingt zum Voll- und Tiefatmen.

Bei den täglichen Atemübungen muß man jetzt für die angegebene Zeitdauer (15 Sekunden) den Atem bei festgeschlossenem Mund durch das rechte Nasenloch ziehen, die eingezogene Luft so tief als möglich in den Leib (bis dort, wo das Sonnengeflecht – „Plexus solaris" – liegt) pressen und sie dort durch 15 Sekunden festhalten, um sie dann durch das linke Nasenloch, ebenfalls bei festgeschlossenem Mund, auszuatmen. Nach und nach wird die Zeitdauer gesteigert. Auch diese Atemprozedur wird siebenmal wiederholt. Sie dient als Basis für ein höchst wichtiges Experiment, das „Pranayam", welches dem Schüler in einer späteren Stufe gelehrt werden wird. Auch das in der 2. Stufe angegebene stoßweise Ein- und Ausatmen wird weiter geübt.

Das Ausatmen durch das linke Nasenloch darf auf keinen Fall stoßweise geschehen, sondern muß in einem gleichmäßigen Zug und genau so lange durchgeführt werden, als die Einatmung oder das Anhalten des Atems Zeit benötigt, also zu Beginn der Übung 15 Sekunden. Dieses Zeitmaß kann langsam gesteigert werden. Die Atemübungen müssen natürlich nach wie vor morgens und abends vorgenommen werden. Der Schüler muß sich frühzeitig angewöhnen, bei den stehenden Atemübungen stets eine aufrechte Haltung mit eingezogener Wirbelsäule einzunehmen.

Einen wie großen Einfluß das Atmen auf das Gemütsleben hat, ist schon aus dem Umstande zu ersehen, daß alle aufgeregten Menschen kurzatmig sind. Je nervöser, fahriger und aufgeregter ein Mensch ist, desto unregelmäßiger, kürzer oder oberflächlicher ist sein Atem. Wer dagegen ruhig und harmonisch ist, atmet regelmäßig in langen, gleichen Zügen. Wir beginnen unser Leben mit der Atmung und beenden es auch mit dem letzten Atemzuge. Atem ist Leben, Nichtatmen der Tod.

Wer erregt ist, wer sich im Zorn befindet, wer sich in irgendeiner leidenschaftlichen Aufregung befindet, kann durch folgende Übung sehr rasch wieder die Herrschaft über sich selbst erlangen.

Er lege sich auf ein Sofa, und zwar lang ausgestreckt auf den Rücken. Dann schließe er die Augen und beginne langsam tief und voll zu atmen. Er muß peinlich darauf achten, daß das Ausatmen ebensolange dauert wie das Einatmen, und daß die Atemzüge möglichst tief gemacht werden, allerdings unter Vermeidung aller Anstrengung. Die ganze Aufmerksamkeit muß während der Dauer des Experimentes nur auf das Atmen gerichtet sein und man darf keinem anderen Gedanken Raum geben. Man muß sich bei dieser Übung, die ungefähr 1/4 bis l/2 Stunde dauern kann, sehr hüten, einzuschlafen, die Neigung dazu wird bald vorhanden sein. Nach und nach wird man spüren, wie es ruhiger in der Seele wird, wie der Zorn verraucht, wie die Leidenschaft vergeht. Man beende aber diese Übung auf keinen Fall früher, als bis man sich vollkommen ruhig weiß, da sonst leicht Rückfälle eintreten können.

Auch die Übung mit dem schwarzen Kreis wird beibehalten, nur soll der Schüler jetzt einen Kreis nehmen, der kleiner ist, ungefähr nur ein Markstück groß. Außerdem läßt sich diese Übung auch noch dadurch unterstützen, daß wir tagsüber, bei jeder sich bietenden Gelegenheit, wenn wir z. B. uns in unserer Arbeit eine kleine Pause gönnen, für einige Minuten einen scharf hervortretenden Punkt irgendeines Gegenstandes in das Auge fassen und denselben unverwandt ansehen, ohne die Stellung des Auges zu verändern und ohne zu blinzeln oder mit den Lidern zu zucken.

Die Sehübung mit dem schwarzen Kreise muß der Schüler außerdem auf folgende Weise ausdehnen. Nachdem er dieselbe so ausgeführt hat, daß er dem Kreis gegenüber saß, befestigt er nun den Kreis in gleicher Höhe rechts von sich, behält aber seine körperliche Stellung bei und darf auch die Richtung des Gesichtes nicht verändern. Diese muß nach wie vor dieselbe bleiben. Nun dreht er die Augen langsam so weit nach rechts, bis er den Kreis erblickt. In dieser Lage bleibt er 2–3 Minuten, ohne zu blinzeln. Das Auge muß starr und unbeweglich sein. Hierauf hängt er den Kreis nach links auf, nimmt die vorige Stellung ein und dreht nun die Augen langsam so weit nach links, bis er den Kreis erblickt. Auch diese Übung hat 2–3 Minuten zu währen, ohne zu blinzeln oder zu zucken, ohne das Auge zu verändern. Der Schüler soll dieser Übung sehr viel Aufmerksamkeit und Geduld widmen und ausdauern, wenn sie ihm auch anfänglich schwer fallen mag. Sie soll im Verein mit den früher gegebenen Übungen jeden Tag vorgenommen werden.

Diese Übung wird dem Auge naturgemäß anfänglich einige Schwierigkeiten bereiten, denn das Auge ist eine solche Stellung nicht gewöhnt. Dessen ungeachtet soll der Schüler doch große Sorgfalt darauf verwenden und keinesfalls nachlässig sein.

Damit unter allen Umständen Ruhe in das Auge kommt, ist es gut, bei sich bietender Gelegenheit folgende Übung vorzunehmen. Man setze sich mit einer anderen Person ins Einverständnis und lasse sich von ihr alle möglichen Hindernisse vor die Augen bringen, die geeignet sind, ein Zucken oder Blinzeln hervorzurufen. Die betreffende Person soll uns plötzlich mit den Fingerspitzen ganz nahe vor die Augen fahren, soll scheinbar (aber mit Vorsicht) einen Schlag gegen das Auge des Übenden führen, kurz, soll sehen, mit allen Mitteln sein Gegenüber zum Blinzeln zu zwingen. Sie muß natürlich der äußersten Vorsicht beflissen sein, um den Übenden nicht zu verletzen. Der letztere hat nun die Aufgabe, all den drohenden Handbewegungen gegenüber das Auge vollständig starr und ruhig zu halten; kein Lid darf zucken, kein Muskel in Bewegung kommen.

Der Schüler muß sich ferner angewöhnen, seinem Blick die nötige Freiheit und Sicherheit zu geben. Er muß durchdringend werden; der Schüler muß lernen, mit einem einzigen Blick seine ganze Umgebung sofort bis in die kleinsten Details zu erfassen. Das übt sich besonders gut dadurch, daß man sich angewöhnt, irgendeinen Gegenstand für einen Augenblick scharf ins Auge zu fassen, dann hinwegzusehen und diesen Gegenstand nun mit allen seinen Details zu beschreiben. Das geschieht am besten für den Anfang schriftlich.

Auch nimmt man wieder den Spiegel zur Hand, setzt sich bequem vor denselben und sieht sich in die Augen. Man muß sich nun mühen, sein Spiegelbild, trotzdem man den Blick „vollständig ruhig" nur auf die Augen geheftet hält, in allen seinen Teilen klar und deutlich zu erkennen. Unser Blick darf sich von den Augen des Spiegelbildes nicht eine Sekunde entfernen, und trotzdem müssen wir unsere Haare, Ohren, das Kinn usw. so vollendet scharf sehen, als ob wir den Blick besonders dorthin gerichtet hätten. An den äußersten Partien des Spiegelbildes muß uns alles klar und deutlich zum Bewußtsein gelangen.

Wenn wir darin einige Übung erlangt haben, so können wir dies auch an unseren Mitmenschen versuchen, und zwar an den Vorübergehenden auf der Straße, an interessanten Objekten usw. Bei jeder Begegnung mit einem Menschen gewöhne man sich an, dessen Erscheinung sofort mit einem Blick so zu erfassen, daß man besonders seine Gesichtsbildung in allen Teilen vollkommen beherrscht, so daß es gelingt, nach einiger Zeit dieses Bild naturgetreu wieder ins Gedächtnis zurückzurufen. Man soll es auf keinen Fall bei einer unklaren Vorstellung bewenden lassen. Man rufe sich dieses Bild immer wieder und so lange ins Gedächtnis, bis es gelingt, eine dem Originale unbedingt ähnliche Vorstellung zu erhalten. Das übt in großartiger Weise das Physiognomiengedächtnis, welches bei den meisten Menschen sehr unentwickelt ist. Ebenso mache man es bei Gegenständen.

So oft als es Zeit und Gelegenheit erlauben, soll der Schüler die in der 2. Stufe angegebene „Innenschau" üben.

Ferner soll er sich auch der „Barmherzigkeit" zuwenden. Keiner hat so wenig, daß er nicht imstande wäre, seinem darbenden Mitmenschen zu helfen. „Geben ist seliger denn nehmen" heißt es, und dem Schüler muß das Geben zur zweiten Natur werden. Wehe ihm, wenn er bewußt an einem Darbenden vorübergeht, ohne ihm sein Scherflein zu spenden. Und er scheue sich ja nicht, es öffentlich zu tun. Andere Menschen mögen schon seine Mildherzigkeit sehen, denn sein gutes Beispiel wird andere zu gleichem Tun verleiten. Andererseits aber darf die Gabe nicht zu dem Zwecke gegeben werden, sich für seine Opferwilligkeit bewundern zu lassen, das wäre eines Aufstrebenden unwürdig.

Der Schüler muß „selbstlos" werden. Er darf nicht daran denken, wenn er Hilfe irgendwelcher Art spendet, daß eine solche Tat seine ethische Entwicklung fördert, noch weniger aber, daß sie ihm irdische Vorteile einbringen könnte. Er muß helfen, aus dem unstillbaren inneren Verlangen heraus, nach Kräften Gutes stiften zu wollen.

Wir alle sind Teile aus „einem" Urquell, sind im letzten Grunde „Eins". Was wir vor uns sehen, ob in Armut und Niedrigkeit, ob prangend im Reichtum, ob dumm oder gelehrt, fromm oder ungläubig, ist ja nur die augenblickliche Erscheinungsform, ist die Rückstrahlung des Entwicklungszustandes, ist nicht das innere Wesen selbst. Und alles „muß" zum Guten! Wenn sich der Schüler diese Wahrheit so recht zu Gemüte führt und immer an sie denkt, dann wird er auch das geistige Band sehen, das alle Geschöpfe umschlingt, dann wird er auch die Wesenseinheit alles Beseelten erkennen und wahre Nächstenliebe, Nachsicht, Duldung und Barmherzigkeit werden in sein Herz einziehen.

Der Schüler mache es sich zum unverrückbaren Grundsatz, streng zu sein gegen sich selbst, duldend und nachsichtig gegen die anderen.

Auch vergesse er niemals, während seiner Entwicklungsperiode mit Gedanken der Harmonie, Reinheit und ähnlichen

Vorstellungen einzuschlafen.

Eine sehr wichtige Übung zur Beherrschung der Willenskraft ist folgende:

Der Schüler soll sich vorerst für die Dauer eines Tages am Morgen die entschiedene Suggestion geben, den ganzen Tag über kein unnützes Wort zu sprechen. Er denke dabei an die Tatsache der Zersplitterung geistiger Kräfte, welche durch unnötiges und unangebrachtes Reden hervorgerufen wird. Es ist damit nicht gemeint, daß er diese Zeit über überhaupt nicht sprechen soll, aber er soll alle überflüssigen Bemerkungen, alle nichtssagenden Redensarten usw. peinlichst vermeiden; hat er zu sprechen, so bediene er sich einer logischen, kurzen, bestimmten Ausdrucksweise, mit Vermeidung aller Weitschweifigkeiten und unnützen Redensarten. Dabei muß er sich vor jeder Schroffheit und Roheit hüten, wozu man durch die Anwendung dieser Übung anfänglich sehr gerne verleitet wird. Man gewöhne sich eine etwas energische Tonart an, die aber auf keinen Fall herrisch oder lieblos klingen darf – sie soll nur sicher und bestimmt sein. Hat man diese Übung glücklich einen Tag über eingehalten, so setze man einen Tag aus und gebe sich den dritten, vierten und fünften Tag hintereinander dieselbe Suggestion, dann wird wieder ein Tag ausgesetzt, hierauf hintereinander durch eine Woche diese Übung wieder vorgenommen, ein oder zwei Tage ausgesetzt usw. in aufsteigender Linie.

Die Übung mit dem Strahlensehen wird beibehalten. Der Schüler soll aber außerdem tagsüber bei jeder Gelegenheit versuchen, die odische Strahlung auch bei hellem Licht zu sehen, indem er seine Finger gegen einen dunklen Hintergrund, z. B. gegen seine Kleidung hält. Jede Pause in der täglichen Beschäftigung kann dazu verwendet werden. Selbst das hellste Tageslicht darf kein Hindernis bilden, diese Strahlung zu sehen.

Nur muß der Schüler hier sehr viel Geduld aufwenden und eine große Willenskraft. Er muß diese Strahlung einfach sehen wollen, und mit der Zeit wird es ihm sicher gelingen. Die Einbildungskraft muß hier anfänglich eine große Rolle spielen; was man zuerst glaubt zu sehen, ist schon Wirklichkeit, wenn es der Schüler auch seiner Imagination zuschreibt. Es wird nochmals darauf aufmerksam gemacht, daß dieses Strahlensehen sehr wichtig ist, und es darf sich der Schüler durch anfängliche Mißerfolge nicht abhalten lassen. Geduld und Ausdauer bringen ihn auch hier zum Ziel, und er wird dann mit Staunen erkennen, daß sein Körper fortwährend von einer feinen Ausstrahlung umgeben ist.

Die Plastisch-Denkübung mit Gegenständen wird beibehalten. Nur soll man diese Übung folgendermaßen ausdehnen. Man nehme sich eine Photographie zur Hand und betrachte dieselbe fünf Minuten lang, andauernd und eifrig. Alle anderen Gedanken, welche mit dem Bilde in keinem Zusammenhange stehen, müssen sorgfältig ferngehalten werden. Man darf nur jenen Gedanken Raum gewähren, die mit der äußeren Erscheinung des Originals in Verbindung stehen, nicht aber mit seinen Charaktereigenschaften oder Episoden, die man vielleicht mit der Person, welche diese Photographie vorstellt, erlebt hat. Hat man diese Konzentration 5 Minuten lang einwandfrei durchgeführt, so legt man die Photographie zur Seite und zieht sich mittels starker Willenskonzentration dieses Bild vor das geistige Auge. Man darf nicht eher ruhen, bis man das Bild bei geschlossenem Auge so klar und deutlich erkennt, daß man imstande ist, alle Details wahrzunehmen. Die betreffende Persönlichkeit muß mit großer Plastik vor uns stehen, mit greifbarer Schärfe. Gelingt das nicht, dann wiederhole man das Experiment unverzüglich. Diese Übung soll jeden zweiten Tag durchgeführt werden und möglichst zur selben Zeit.

Eine vorzügliche Übung ist auch folgende. Man schreibe sich auf ein Blatt Papier einen kurzen Satz auf, z. B.:

„Ich will energisch werden."

Die Wahl dieses Satzes bleibt dem Schüler vollständig überlassen, nur ist es angezeigt, wenn er Worte wählt, welche zu seiner Entwickelung passen. Diese Worte lese er sich mit vollster Konzentration einige Male durch. Dann zwinge er sich, dieselben an der Wand zu sehen. Auch dieses Experiment muß solange durchgeführt werden, bis er die Worte klar und deutlich auf der Wand erblickt, d. h. der Schüler muß immer wieder den Satz auf dem Papier ansehen und sich darauf konzentrieren, um dann den Versuch, denselben an der Wand zu erblicken, ebenso oft zu wiederholen. Es ist das ein sehr wichtiges Experiment. Sobald es einmal gelungen ist, erteilt man sich mit großer Willenskraft die Suggestion, daß diese geistige Schrift an der Wand für den Schüler unverrückt haften bleiben muß. Dann mag er seiner Beschäftigung nachgehen und soll sich jedenfalls aus diesem Raum entfernen. Nach einiger Zeit, z. B. anfänglich nach einer Stunde, kehrt er wieder in dieses Zimmer zurück, und auch jetzt muß es ihm gelingen, den betreffenden Satz wieder an der alten Stelle an der Wand zu erblicken, und zwar ebenso klar und deutlich wie bei Beginn des Experimentes. Man mache auch diese Übung jeden zweiten Tag.

Auch die Kronzentration mit Gegenständen wird beibehalten. Der Schüler soll jedoch dieselbe mit unverschlossenen Ohren und an einfacheren Gegenständen durchführen. Auch kann er die Zeitdauer langsam erhöhen. Die anfänglichen 5 Minuten können nun nach und nach bis zu 10 Minuten gesteigert werden.

Gedanken sind, wie schon mehrfach erwähnt, reale, feinstoffliche Dinge. Sie dringen durch den Grobstoff. Man kann mit der entwickelten Willenskraft seine Gedanken in das Gehirn eines anderen Menschen übertragen. Man kann telepathisch auf ihn einwirken.

Die Gedankenübertragung wird am besten mit folgender Übung eingeleitet. Wenn man auf wenig belebter Straße hinter einer Person längere Zeit geht, so denke man sich scharf und unausgesetzt: „Du mußt dich umdrehen!" Man muß sich bei diesem Experiment den rückwärtigen Teil des Gehirnes offen daliegend vorstellen, und in diese Gehirnmasse treibt man seinen Willen, scharf und unausgesetzt, ohne jede Abschweifung. Mit einiger Willenskraft wird das Experiment sehr bald gelingen. Man kann es auch im Restaurant, Theater usw. zur Anwendung bringen.

Die in Stufe 2 angegebenen Gedächtnisübungen werden fleißig fortgesetzt.

Wenn man auf der Straße geht, bleibe man öfter vor besonders schön dekorierten Schaufenstern stehen. Man zwinge sich, anfänglich innerhalb längerer, später aber in ganz kurzer Zeit den Inhalt eines solchen Schaufensters derart zu erfassen, daß man, wenn man die Augen für einen Augenblick schließt, durch das innere Auge ein in allen seinen Teilen ganz gleiches Bild erhält. Dann öffne man wieder die Augen und kontrolliere das innerlich Gesehene mit dem wirklichen Objekt. Dieses Experiment wird nun nicht sofort gelingen. Wenn man sich unbeobachtet weiß, wiederhole man es, und zwar so oft, bis das innere Bild vollständig übereinstimmt. Dann gehe man nach Hause, lasse sich aber weiter durch nichts mehr ablenken. Zu Hause angelangt, bringe man sich das betreffende Schaufenster wieder ins Gedächtnis und versuche, es durch Schrift oder Zeichnung möglichst naturgetreu bis in alle Details wiederzugeben. Sobald es nun die Zeit erlaubt, gehe man abermals dorthin und vergleiche die Niederschrift oder die Zeichnung mit dem Inhalt des Schaufensters.

Man mache diese Übung so oft, als die Gelegenheit gegeben ist und lasse bei jedem Objekt nicht früher nach, bis das Gedächtnis das Geschaute in photographischer Treue wiedergibt.

Überhaupt gebe man sich nach allen Ausgängen von dem Erlebten und Geschauten genaue Rechenschaft. Selbst unscheinbare Kleinigkeiten soll man im Gedächtnis registrieren. Das lernt sich aber nur dadurch, daß wir bei jeder Gelegenheit, wo Eindrücke an uns herantreten, also besonders bei unseren

Ausgängen, wachsam sind, alles aufnehmen und rasch erfassen und das Gedächtnis dann zur getreuen Wiedergabe zwingen.

Das soll man aber auch jeden Abend tun. Alle Handlungen des Tages lasse man wieder vor dem geistigen Auge auftreten. Das hat zwei Vorteile. Es übt das Gedächtnis und gibt uns Gelegenheit zur Selbsterkenntnis. Sind wir mit den Handlungen nicht vollständig zufrieden, so müssen wir uns ernstlich vornehmen, bei vorkommender Gelegenheit besser zu handeln. Diese abendliche Kritik, die mit großer Strenge gegen sich selbst durchgeführt werden soll, kann nicht warm genug empfohlen werden. Man muß da sein wie ein Staatsanwalt, der in jedem Angeklagten „unbedingt" den Verbrecher sehen will.

Die Abend- und Morgenübungen bleiben bestehen, mit ihnen auch die morgendliche Erfolgübung.

Und noch ein Rat sei dem Schüler gegeben. Er bereite sich kurze Merksprüche für sein Gemüt und seine ethische und okkulte Entwicklung. Z. B.:

„Meine okkulten Kräfte werden sich großartig entwickeln, ich bin von dem endlichen Erfolg felsenfest überzeugt!" Oder:

„Ich werde jetzt unbedingt Herr meiner Leidenschaften werden! Ich fühle mich rein, harmonisch und frei!" Usw.

Er wechsele jeden zweiten Tag mit solchen und ähnlichen Merksprüchen, die er vorerst auswendig lernt und sie, so oft er sich unbeachtet weiß, halblaut vor sich hersagt. Es ist beim anstrengendsten Beruf möglich, diese kleine Übung jede Stunde „mindestens" einmal vorzunehmen. Es soll aber mit dem Aussprechen dieser Merksprüche die plastische Vorstellung verbunden sein, daß man den erstrebten Zustand bereits erreicht hätte und empfinden würde. Das vermehrt den Erfolg.

4. Stufe

Die bisher angegebenen Übungen, die Körperabhärtung betreffend, müssen selbstverständlich fortgesetzt werden.

Der Körper muß nicht nur außen, sondern auch innen oft gereinigt werden. Der Schüler darf unter keinen Umständen die längere Ansammlung fauliger Stoffe und Gase in seinem Körper dulden. Ein solcher Zustand des Körpers würde auf die in den späteren Stufen angeführten Übungen sehr störend einwirken; nicht nur daß sie resultatlos blieben, sondern sie würden auch direkt schädlich wirken.

Vor allem muß der Darm öfter gereinigt werden. Der Yogi macht das mit Hilfe seiner Willenskraft. Er führt sich ein Bambusröhrchen in den After ein und zieht das Wasser in den Leib. Mittelst seiner Willenskraft und eigenartigen Muskelbewegungen treibt er nun das Wasser in den ganzen Gedärmen umher und vollzieht damit eine gründliche Reinigung derselben. Dieses Experiment ist nicht ungefährlich und bedarf schon einer bedeutenden Willenskraft und Körperbeherrschung. Der Schüler kann zur selben Wirkung durch einen viel einfacheren Vorgang gelangen.

Er benütze einen Irrigator, wie ihn die Frauen zur Reinigung des Unterleibes verwenden. Dieser Apparat besteht aus einem kleinen Wasserbehälter, der an der Wand aufzuhängen ist. Von diesem Wasserbehälter führt ein ungefähr meterlanger Gummischlauch herunter, der in ein verschließbares Hartgummiröhrchen mündet. Das Wasserbassin wird mit lauwarmem Wasser angefüllt. Der Schüler legt sich nun auf den Boden, und zwar mit der Brust nach unten. Wer sich auf ein Sofa legen will, muß natürlich den Apparat entsprechend höher anbringen. Er führt sich nun das Röhrchen in den After ein. Durch den Druck des höher angebrachten Wassers wird dasselbe in die Gedärme gepreßt. Wenn das Wasser vollständig in die Gedärme eingetreten ist, so legt man sich auf den Rücken und versucht es durch Einziehen der unteren Bauchmuskeln so hoch wie möglich zu bringen. Dem folgt ein mehrmaliges vollständiges Einziehen und Losschnellen des Bauches. Dann werden abwechselnd die linken und die rechten Bauchmuskeln eingezogen. Dadurch, daß man diese Muskelbewegungen kräftig acht- bis zehnmal wiederholt, wird das Wasser durch alle Gedärme gedrückt. Nun erst befriedige man das natürliche Bedürfnis. Darauf muß aber stets ein kleineres, kühleres Bleibeklistier folgen, d. h. man bringt in den Behälter eine Kleinigkeit kühleren Wassers, ungefähr ein kleines Trinkglas voll, und läßt es auf die beschriebene Weise in den Körper eindringen, muß es aber unter allen Umständen bei sich zu behalten suchen. Das ist leicht durchführbar, wenn man einige Minuten ruhig liegen bleibt.

Der Schüler muß diese gründliche Reinigung wöchentlich zweimal vornehmen. Ab und zu aber führe er folgende Übung durch. Er nehme den Wasserbehälter nur halb voll mit lauwarmem Wasser und hänge ihn nicht mehr so hoch, vielleicht nur einen halben Meter höher als seine Lage. Da der Wasserdruck nun geringer ist, so muß der Schüler versuchen, durch Aufziehen des Afters und Mastdarms das Wasser in den Körper einzuziehen und dann die beschriebenen Muskelbewegungen vorzunehmen. Bei der nächsten Übung erschwere man das Experiment dadurch, daß man den Wasserbehälter in gleicher Höhe mit der Körperlage anbringt. Das wird dann einer starken Willensanstrengung bedürfen, um das Wasser in den Körper zu ziehen. Man lasse sich durch anfängliche Mißerfolge keineswegs abschrecken. Nach und nach wird dieses sehr wichtige Experiment schon gelingen.

Nach jeder Abwaschung des Körpers muß, wie bekannt, ein tüchtiges Frottieren folgen. Da aber der Schüler sensitiver werden soll, da er aufnahmefähiger werden muß für feinere Schwingungen, so muß er sorgen, die Verwirklichung dieses Zieles auch durch äußere Mittel zu erreichen.

Die Alten haben sich nach jeder Waschung den Körper mit wohlriechenden Salben eingerieben. Das hat, neben der Eitelkeit und Üppigkeit, wohl auch noch einen hygienischen Grund gehabt. Wir wollen uns natürlich nicht den Körper mit duftenden Salben einreiben, sondern wir nehmen ein Öl, dessen geistige Eigenschaften unsere Absicht, sensitiver zu werden, in hervorragender Weise unterstützt, und zwar das Eukalyptus-Öl, das in jeder Apotheke zu haben ist. Der Schüler reibe also nach jeder Frottierung den Körper mit diesem Eukalyptus-Öl ein. Das Öl muß gut in die Poren verrieben werden. Hauptsächlich achte man auf den Plexus solaris und die Wirbelsäule. Auf den Plexus (die Gegend bei der Magengrube) reibe man das Öl in kreisrunden Bewegungen, niemals aber in Längs- und Querstrichen. Die Wirbelsäule darf nur in Längsstrichen eingerieben werden. Schließlich vergesse man auch nie die Schläfen leicht mit diesem Öle zu behandeln, und zwar ebenfalls in kreisrunden Bewegungen.

Von jetzt ab soll der Schüler so viel wie möglich blähende Speisen, wie Hülsenfrüchte usw., vermeiden.

Er soll mit allen Mitteln darauf bedacht sein, sein Blut zu reinigen. Wöchentlich einmal beschränke er die Speisenzufuhr und nehme innerhalb 24 Stunden nur etwas Milch und einige Datteln zu sich. Fleisch soll nur einmal in der Woche genossen werden. Nochmals sei der Schüler vor übertriebenem Fasten gewarnt! Was für den Hindu gut ist, kann nicht für den Europäer, der in ganz anderen klimatischen Verhältnissen lebt, gelten. Unsere sozialen Verhältnisse bedingen einen viel größeren Kräfteaufwand und unsere Nervensubstanz wird viel intensiver verbraucht, wir müssen daher auch den nötigen Ersatz schaffen. In neuerer Zeit machen verschiedene Systeme Aufsehen, deren größte Weisheit in einem mehr als extremen Fasten beruht. Dieses Mißverstehen indischer und persischer Lehren kann nicht eine kräftigere, widerstandsfähigere, sondern nur eine blutleere Menschheit erzeugen. Eine mangelhafte Ernährung, die nicht im Einklang steht mit dem Kräfteverbrauch, führt zur Blutentmischung. In den meisten Hatha-Yoga-Systemen ist ein ausgedehntes Fasten sogar verboten. Für des Leibes und des Geistes normale Entwicklung ist nur eine quantitativ mäßige und qualitativ zweckentsprechende Ernährung fördernd. Alle Extreme in dieser Hinsicht wirken schädigend.

Es ist nun für den Schüler an der Zeit, der Gewohnheit des Rauchens vollständig zu entsagen. Der Schüler darf von jetzt ab während des ganzen Entwicklungsstadiums nicht mehr rauchen.

Auch der Alkoholgenuß in jeglicher Form muß nun während der ganzen Zeit der Entwicklung strengstens vermieden werden. Die Abendstunden gehören nunmehr verschiedenen Übungen und der geistigen Sammlung. Der Schüler darf nicht vergessen, daß sich seine Entwicklung auch während des Schlafes vollzieht. Da er aber während dieser Zeit des kontrollierenden Wachbewußtseins entbehrt, muß er Sorge tragen, sich vor dem Einschlafen von allen schädlichen Einflüssen frei zu halten, was ihm derzeit noch nicht möglich ist, wenn er sich abends in Gesellschaften begibt –er ahnt ja noch nicht, welche Influenzen er damit nach Hause bringt, deren störenden Wirkungen er des Nachts dann ausgesetzt ist.

Die Gedankenwelt halte der Schüler rein und keusch. Es muß jeder Gedanke vermieden werden, der irgendwie sexuell erregen könnte. Besonders abends soll sich der Schüler vor solchen Überströmungen energisch schützen.

Man soll nicht glauben, daß dieser Lehrgang den Asketismus predigt. Wenn die Entwicklung vollendet ist brauchen wir uns dem Leben nicht mehr so vollends zu verschließen, wir werden dann schon selbst fühlen, was uns dienlich und was uns schädlich ist. Der Entwickelte schätzt alles nach seinem „wirklichen" Wert ein, und wenn er genießt, so weiß er strenges Maß zu halten. Der Schüler aber muß alles Störende von sich werfen, er muß die Bedingungen schaffen, daß die Frucht zur Reife kommen kann.

Die in Stufe 3 angegebenen Übungen in der Körpergymnastik werden fortgesetzt. Ebenso muß die Ruheübung in ausgestreckter Lage auch fernerhin vorgenommen werden, dagegen braucht der Schüler die Ruheübung in sitzender Stellung, mit geschlossenen Knien, nur noch zweimal wöchentlich durchzuführen. Die Spiegelübung mit dem Hineinsprechen aber bleibt und soll mindestens jeden zweiten Tag an die Reihe kommen.

Es ist des Schülers Aufgabe, Liebe bei allen Menschen zu erwecken, die mit ihm verkehren. Und das ist keinesfalls so schwer, als man glaubt. Selbst Personen, die uns feindlich gegenüberstehen, können wir zu besseren Gefühlen uns gegenüber zwingen. Freilich müssen wir selbst dieses Gefühl in uns mächtig werden und erstarken lassen. Wenn jeder Gedanke in uns darauf gerichtet ist, wie wir unseren Mitmenschen nützen können, wenn alles, was wir sprechen und tun, auf dem Grundprinzip aufgebaut ist, daß es anderen zu nützen hat, dann wird sich dieses Gefühl gar bald des inneren Menschen bemächtigen und seine Wirkung nach außen hin zeigen. Auf zwei Wegen gleichzeitig muß der Schüler dieses Ziel zu erreichen suchen, und zwar dadurch, daß er sein ganzes Wesen von wahrer Menschenliebe durchdringen läßt, und daß er dann diese Liebesmacht durch gewollte Überstrahlung seinen Mitmenschen übermittelt. Wir strahlen fortwährend „Od" aus. Das Od ist psychisch gefärbt. Wenn wir Haß denken und fühlen, wird unser Od in diesem Sinne geladen sein und als Fluch wirken. Wenn wir Liebe, Güte, Barmherzigkeit und Nachsicht fühlen und denken, dann wird unser Od auch diese Reinheit haben und Segen stiften. Überladen wir nun dieses Od durch unsere bloße Willenskraft auf unsere Mitmenschen, so werden dieselben dadurch Eindrücke empfangen, die, sobald sie von den inneren Prinzipien verarbeitet worden sind, in ihnen die gleichen Empfindungen hervorrufen.

Der Tag bringt so manche Unannehmlichkeiten und Widerwärtigkeiten kleinerer und oft schwerwiegender Natur. Rasch damit abfinden, das sei die Losung des Schülers! Damit soll kein Leichtsinn gepredigt werden. Aber man nehme die Dinge wie sie wirklich sind und lasse sich nicht täuschen durch den Schein. Das Übel in der Welt ist ein Lehrmittel. Wer sich angewöhnt zu denken, daß alles was uns Unangenehmes passiert, seine nützliche Kehrseite hat, daß alles Leid einen Schritt näher zur Erkenntnis bringt und uns reifer macht, der wird auch Gewinn zu ziehen wissen aus allem, was ihn augenblicklich stört und aus dem Gleichgewicht zu bringen droht. Wenn uns ein Leid widerfährt, so sollen wir sagen: gut, das schmerzt mich jetzt, aber es muß einen Grund haben, warum mir das widerfahren ist. Die Welt ist Ursache und Wirkung. Die Wirkung hat mich schmerzvoll getroffen, aber wo ist die Ursache? Und wer es ehrlich mit sich meint und statt kopfhängerischem Brüten und Gefühlsaffektionen sich hinzugeben, eine unparteiische Prüfung aller der Umstände vornimmt, die ihm das betreffende Leid eingebracht haben, der wird auch bald genug einsehen, daß das Übel aus ihm selber stammt. Der wird, wenn er die ganze Kette von Umständen durchgeht, die in enger Verknüpfung mit dem erduldeten Übel stehen, gar bald einsehen, daß er z. B. durch ein liebloses Wort, durch eine egoistische Handlung, ja vielleicht sogar durch wiederholte unreine und lieblose, egoistische oder überhaupt unschöne Gedanken den ersten geistigen Anstoß gegeben hat. Und einmal in dieser Hinsicht Klarheit gewonnen, wäre es verfehlt, sich negative Gedanken, also Gedanken der Trauer, des Schmerzes oder einer quälenden Reue hinzugeben. Das führt zu nichts und schafft nur neues Elend, neues Leid.

Der Schüler wird in solchen Fällen „positiv" denken. Er wird sich sagen: „Ich habe Ursachen gegeben, die mir Leid eintrugen – ich habe gelernt." Und wenn er nur der indirekte Verursacher war, so wird er dem direkten Bringer seines Ungemaches geistig und persönlich vergeben. Und dadurch, daß er das heraufbeschworene Übel ruhig auf sich nimmt und ohne weitere seelische Erregung erträgt, dadurch, daß er dem

Übel positive Gedanken der Beherrschung, der Ruhe und des Friedens entgegensetzt, hat er dem Leid schon den Stachel genommen, und er wird sich in viel kürzerer Zeit davon befreien als ein anderer, der sich seinem Schmerz voll und ganz hingibt.

Das Leid hat nur den Zweck, uns zur Erkenntnis zu bringen; ist das geschehen, dann hat das Leid seinen ethischen Wert verloren, und wir brauchen es nicht mehr. Nur der Tor wühlt in seiner Wunde. Der Kluge, wenn er den Sinn des ihm überkommenen Leides erkannt hat, wird alle ihm zu Gebote stehenden Mittel ergreifen, die Wunde zur Heilung zu bringen. Und das vermag nur die Willenskraft. Bei kleineren Übeln ist das ja leichter, obwohl gerade sie für den Willensschwachen den größten Stachel haben.

Um für ein großes Leid gerüstet zu sein, stärke man seine Willenskraft durch folgende Übungen.

Sobald dem Schüler eine Beunruhigung wird, er eine Unbill zu tragen hat oder ihn sonst ein Kummer überfällt, nehme er sich vor, nachdem er die eigentliche Ursache erforscht hat, eine bestimmte Stunde des Tages nicht mehr daran zu denken. Das wird für den Anfang nicht so leicht gehen und ist um so schwerer, je quälender uns das widerfahrene Übel ergriffen hat. Aber wem es ernst ist, der wird sich diese Stunde beherrschen und seine Gedanken durch eine nützliche, anstrengende Tätigkeit ablenken. Und mit Staunen wird er bemerken, daß er nach Ablauf dieser Stunde schon mit etwas leichteren Gefühlen an seinen Kummer denkt. Am anderen Tag vollführe er das Experiment durch 2 Stunden, am 3. Tag durch 3 Stunden u. s. f. Nach Ablauf einiger Wochen wird er geheilt sein oder doch mit vollster Ruhe ohne jeden Schmerz und ohne jede Bitterkeit an das Erlittene denken.

Der Schüler nehme sich von jetzt ab ernstlich vor, jeden Tag wenigstens eine gute Tat zu vollbringen, die anderen Menschen zum Nutzen gereicht. Und wer seiner Entwicklung dienlich sein will, der suche eine solche gute Handlung zu vollführen, die ihm schwer fällt, die ihm irgendein Opfer kostet an Mühe, an Zeit, an Geld oder an Selbstüberwindung. An Gelegenheiten dazu fehlt es keinem Menschen. Man darf nur das Auge offen halten, man darf nur sehen wollen. Wer achtlos und nur auf sich selbst bedacht durchs Leben schreitet, dem ist das Auge der Barmherzigkeit freilich verschlossen.

Die Übung mit dem Strahlensehen wird beibehalten und soll auf den ganzen Körper ausgedehnt werden. Alles strahlt und ist von einer feinen odischen Lohe umgeben, nicht nur die Hände, sondern auch jeder Körperteil. Bei jeder sich darbietenden Gelegenheit übe man in dieser Richtung; man suche die Strahlung des Armes, der Brust usw. zu sehen. Aber auch bei anderen Menschen kann man diese Übung langsam zur Anwendung bringen. Wenn wir einer Person gegenübersitzen, so versuchen wir, selbstverständlich ohne jede Aufdringlichkeit, diese Strahlung zu sehen. Wir müssen uns mit großer Willensanstrengung darauf konzentrieren und uns im Geiste immer daran erinnern, daß die odische Strahlung eine durch das Experiment bereits bewiesene Tatsache ist. Ausdauer und der feste Wille führen auch hier nach und nach zum Erfolg.

Nachfolgendes Experiment dient dem Schüler zur Entwicklung des psychischen Sinnes.

Man verschließe sich die Ohren mit dem bekannten Wachs-Wattepfropfen. Dann setze man sich an einen Tisch und stütze den Kopf in die Hände, und zwar derart, daß man mit den Fingerspitzen die Augen verschlossen hält. Es darf jedoch nur ein ganz mäßiger Druck auf die Augen ausgeübt werden. In dieser Stellung verharre man vollkommen ruhig und achte darauf, welche Farben sich langsam im Innern des Auges bzw. im geistigen Auge bilden. Man wird vorerst nur ein unbestimmtes Dunkel sehen. Aber dieses Dunkel wird sich nach und nach erleuchten, wird farbige Lasuren erhalten und nach einigen Übungen schon wird es dem ernst und fest wollenden Schüler gelingen, diese Farben bestimmter zu erkennen und nach und nach festzuhalten.

Einmal diesen Standpunkt erreicht, wird sich die betreffende Farbe immer mehr und mehr vertiefen, reiner und dominierender werden. Diese Farben werden zu verschiedenen Zeiten des Tages wechseln. Der Schüler wird einmal rot ein andermal grün oder blau sehen, vielleicht auch mehrere Farben zusammen, z. B. als dominierende Farbe rot und rund herum einen leichten blauen Kranz.

Die Übung des Farbensehens ist sehr wichtig und wird dem Schüler aufgetragen, derselben die größtmöglichste Sorgfalt zuzuwenden, denn sie birgt einige große und überaus wichtige Geheimnisse, so z. B. kann der im inneren Farbensehen Geübte aus diesen Farben, die seine augenblickliche Schwingung repräsentieren, leicht erkennen, in welcher Gemütsverfassung er sich gegenwärtig befindet. Es liegen in uns zeitweise, und zwar so verborgen, daß wir im Wachbewußtsein keine Ahnung davon haben, ganz gefährliche Stimmungen und Disharmonien. Da bedarf es oft nur des leisesten Anstoßes durch das Tagesleben, und diese verborgenen Stimmungen treten aus ihrer Latenz heraus und belästigen uns, bringen uns Unannehmlichkeiten, Leiden und Kämpfe. Wenn wir nun aus diesen Farben erkennen, welche Stimmungen den Grundton unseres inneren Wesens augenblicklich bilden, so werden wir gewarnt sein und uns nicht überraschen lassen. Wir werden in solchem Falle unsere, nun schon etwas geschulte Willenskraft zu Hilfe nehmen und diese gefährlichen Schwingungen durch um so größere Harmonie ausgleichen und die äußerste Vorsicht walten lassen.

Zur Entwicklung der positiven Denkkraft ist auch folgendes Experiment bei jeder sich darbietenden Gelegenheit durchzuführen. Wenn sich der Schüler einer Person gegenüber befindet, mit der er durch Freundschaft, Blutsverwandtschaft oder Liebe verbunden ist, mit der er also in einem regeren Verkehr steht, soll er sich sehr stark auf einen bestimmten

Gedanken konzentrieren. Er muß dabei den festen Willen haben, jener Person den Gedanken zum Bewußtsein zu bringen. Er stelle sich im Geiste den Astralkörper jener Person vor und projiziere diesen Gedanken unaufhörlich und mit großer Willensanstrengung in den Kopf des Astralkörpers. Man muß natürlich anfänglich nur sehr einfache Gedanken wählen, und zwar Gedanken, die im Ideenkreis jener Person liegen. Man wird nach einigen Übungen den Erfolg darin sehen, daß die betreffende Person plötzlich von selbst über diesen Gedanken zu sprechen beginnt.

Die meisten Menschen sind rechtshändig ausgebildet. Das hat zur Folge, daß nur die damit korrespondierende Gehirnhälfte kräftig zur Wirksamkeit gesteigert ist. Um nun auch die andere Gehirnhälfte zur gleichen Wirksamkeit zu bringen, was einer gesteigerten geistigen Tätigkeit und Freiheit entspricht, soll man auch die linke Hand entwickeln. Man zwinge sich vorerst, die leichteren Tätigkeiten abwechselnd auch mit der linken Hand auszuführen und gehe nach und nach daran, sich die volle Freiheit im Gebrauch beider Hände zu sichern. Man versuche später sogar mit der linken Hand zu schreiben. Wenn es auch viel Mühe kostet, aber gelingen muß es jedem Menschen. Man darf freilich dann nicht wieder ausschließlich linkshändig werden, sondern soll beide Hände zu jeder Art Tätigkeit gebrauchen können. Der Lohn liegt in einer ganz ungeahnten Zunahme geistiger Kraft.

Alle Gedächtnisübungen bleiben bestehen. Sie sollen vorgenommen werden, so oft sich Zeit und Gelegenheit dazu ergibt. Außerdem vollziehe der Schüler jeden zweiten Tag folgende Übung. Er denke an einen Gegenstand, an ein Wesen oder an irgendeinen Begriff und suche blitzschnell das dem Gedachten Entgegengesetzte in seiner Vorstellung hervorzurufen. Stellt er sich z. B. die Farbe „schwarz" vor, so muß sich ihm sofort „weiß" aufdrängen. Auf „Sonnenschein" muß „Regen" folgen, auf „klug" folgt „dumm", auf „Eltern" muß „Kinder" erscheinen usw. Diese Übung soll nicht allzu kurz gemacht werden und ihre Wirkung liegt hauptsächlich darin, den entgegengesetzten Begriff so schnell als möglich und ohne jedes Zögern und Nachdenken zu erfassen.

Der volle Erfolg wird bald eintreten. Dann aber erschwere man die Übung etwas. Man versenke sich lebhaft in irgendeine Situation des Lebens. Man denke sich z. B. beim Abschluß eines vorteilhaften Geschäftes beteiligt zu sein und führe sich die begleitenden Umstände recht deutlich vor das geistige Auge. Plötzlich breche man ab und versenke sich mit der gleichen Plastik, und ohne nur im geringsten zu zögern, in die gegenteilige Vorstellung, etwa in die Vorstellung eines großen Verlustes im Geschäftsleben, usw.

Nach mehreren gelungenen Versuchen steigere man diese Übung folgenderart.

Man versenkt sich in einen angenehmen Gedankengang, z. B. in die Vorstellung des freudigen Wiedersehens mit einem lange abwesend gewesenen Freunde. An einem bestimmten Punkt wird schnell abgebrochen und sich z. B. irgendeiner neuen Erfindung, für die man großes Interesse hat, zugewendet. Mit voller Schärfe verfolge man eine Zeit hindurch den neuen Gedankengang, um dann plötzlich und gänzlich unvermittelt zur ersten Vorstellung zurückzukehren. Der Schwerpunkt dieser Übung liegt aber nun hauptsächlich darin, sofort wieder beim selben Punkte anzuknüpfen, bei welchem man bei der ersten Vorstellung unterbrochen hat. Man nehme vier- bis fünfmal während einer Übung den Wechsel verschiedener Vorstellungen vor.

Zur Stärkung des Gedächtnisses lerne der Schüler kleinere Lesestücke auswendig und versuche dieselben dann von rückwärts nach vorne herzusagen. Anfangs wird das nur unvollkommen gelingen, mit Fleiß und Ausdauer aber wird sich der Erfolg einstellen und der Übende wird sich durch eine stärkere Sicherheit seines Gedächtnisses belohnt finden.

Die Konzentration auf Gegenstände wird fortgeübt, nur ist es empfehlenswert, die Zeitdauer nach und nach zu erhöhen.

Man kann auch ab und zu eine Pflanze als Gegenstand der Konzentration wählen, z. B. einen Blumenstock. Schließlich konzentriere man sich auf ein Tier seiner Umgebung. Das beste Objekt für diese Konzentration ist ein Vogel in seinem Käfig. Das ist schon eine schwierigere Aufgabe! Das Flattern des Vogels und das Herumhüpfen allein wird anfänglich störend auf uns wirken, aber die fleißige Übung wird auch diesen Umstand überwinden. Später wähle man einen Singvogel. Nach einigen anstrengenden Übungen wird uns auch der Gesang des Tieres nicht mehr stören.

Die Plastisch-Denkübungen behalten wir vorläufig noch bei. Ebenso soll die Übung mit der Photographie auch fernerhin vorgenommen werden.

Anschließend an diese Übungen soll man jeden Tag folgendes Experiment zur Stärkung der geistigen Kraft durchführen. Man stelle sich mit lebhaftester Deutlichkeit einen sich nicht im Übungszimmer befindlichen größeren Gegenstand vor, und zwar bei geschlossenen Augen. Man muß sich dabei so lange auf den Gegenstand konzentrieren, bis man denselben im geistigen Auge dauernd festzuhalten imstande ist. Hat man diesen Grad erreicht, so öffnet man rasch die Augen und versucht diesen Gegenstand an der Wand oder an irgendeiner hellen Fläche deutlich zu sehen. Mit Aufgebot der ganzen Willenskraft muß man sich zwingen, diesen wichtigsten Teil der Übung zu ermöglichen. Das wird keinesfalls sofort einwandfrei gelingen, darum nehme man sich Zeit und Geduld und wiederhole das Experiment sofort. Man soll sich durch die anfänglichen selbstverständlichen Mißerfolge nicht abschrecken lassen; der Erfolg tritt bei Fleiß und Ausdauer nach einiger Zeit sicher ein. Dieses Experiment schärft die geistige Vorstellung bedeutend und hat großen Einfluß auf das Gedächtnis.

Gehen wir nun zur weiteren Ausbildung des magnetischen Blickes über.

Die Sehübung mit dem schwarzen Kreis mag auch weiterhin beibehalten werden, nur muß man jetzt einen kleineren Kreis wählen. Das Anblicken desselben geradeaus, sodann von rechts nach links wird auch fernerhin geübt, aber womöglich durch etwas längere Zeit. Abwechselnd ergänzt man die Übung auf folgende Weise. Man hält die Stellung dem Kreis gegenüber bei und dreht den Kopf langsam nach rechts so weit als nur möglich und ebenso wieder zurück nach links bis zur äußersten Grenze. Dabei jedoch darf man auf keinen Fall den Punkt aus den Augen verlieren. Wenn sich auch der Kopf dreht, die Augen müssen starr und unbeweglich auf dem schwarzen Kreis haften bleiben; es darf nicht geblinzelt und nicht gezuckt werden.

Nun befestigt man den Kreis so hoch als möglich und ohne den Kopf in seiner geraden Haltung zu verändern, richtet man die Augen langsam zur Höhe und sieht in dieser Augenstellung starr und unbeweglich den Kreis so lange als möglich an. Sodann wird dasselbe Experiment in der Weise ausgeführt, daß man den Kreis ganz unten befestigt.

Auch die Übung des magnetischen Blickes im Spiegel wird noch einige Zeit fortgesetzt. Doch ist es sehr zu empfehlen, sich ab und zu auf einen bestimmten Punkt des Spiegelbildes zu konzentrieren, ohne jedoch die Augen von den Augen des Spiegelbildes zu entfernen.

Man sieht sich z. B. unverwandt in die Augen und zwingt sich dabei, ohne hinwegzusehen, den Mund und das Kinn in scharfer Deutlichkeit zu erblicken, und zwar muß man diese Gesichtspartien so klar sehen, als ob man die Augen dorthin gerichtet hätte. Das Experiment wird solange angehalten, bis man die kleinsten Details der erwähnten Stellen klar und sicher erkennt.

Der Schüler hat nun gelernt voll und tief zu atmen. Immerhin ist seine Atmung noch etwas einseitig. Es gibt eine Hochatmung und eine Tiefatmung. Der Schüler hat bis jetzt ausschließlich die volle Tiefatmung erlernt.

Es ist das eine Art tiefe Bauchatmung, die schon allein imstande ist, den Körper gesund und kräftig zu erhalten. Durch das Tiefatmen kann mehr Luft eingesogen werden, da die Lungenflügel einen größeren Spielraum haben. Immerhin aber wird nur ein Teil der Lunge tüchtig mit Luft versehen; die kleinere obere Lungenpartie kommt doch noch etwas zu kurz dabei. Bei dem ausschließlichen Hochatmen, wie es leider die meisten Menschen aus Unwissenheit und Nachlässigkeit in ihrer Gewohnheit haben, erhält nur die oberste Lungenpartie das nötige Quantum Luft, während die größeren unteren Lungenteile nur sehr spärlich bedacht werden. Das ist natürlich die verwerflichste Weise des Atmens. Der indische Yogi verbindet beide Atmungsmöglichkeiten und erreicht damit den einzig richtigen Vollatem, wie wir ihn bei gesunden Säuglingen beobachten können, bei denen die Natur noch die Oberhand hat.

Der richtige „Vollatem" füllt die ganze Lunge in gleicher Weise mit Luft an und gestattet somit die Aufnahme der größten Sauerstoffmenge. Je voller wir die Lungen bei jedem Atemzuge mit Luft anfüllen können, um so mehr führen wir uns auch die in der Luft enthaltenen feinen und feinsten Kräfte zu. Und da wir dieser Kräfte zum Zwecke der Entwicklung dringend bedürfen, müssen wir nur lernen, den „richtigen Vollatem" zu entwickeln.

Man übe den richtigen „Vollatem" vorerst mit beiden Nasenlöchern.

Der Schüler zieht den Atem durch beide Nasenlöcher tief in der gewohnten Weise ein, indem er durch einen leichten Druck auf den Unterleib die Bauchwand vorwärts drängt. Der Druck soll sanft von oben nach unten geführt werden.

Bei fortwährendem Einatmen dehnt er dann den unteren Brustkorb etwas aus, wodurch sich die mittleren Lungenteile füllen; der letzte Teil des Einatmens gehört der Ausdehnung des oberen Brustkörpers, indem der Unterleib leicht eingezogen wird. Das sind in einem Atemzuge scheinbar drei Bewegungen, die aber mit fortgesetzter Übung vollständig in eine verschmelzen müssen.

Beim Atemanhalten werden die Brust- und Bauchmuskeln gänzlich abgespannt. Das Ausatmen geschehe bis zur vollsten Entleerung der Lungen.

Diese Vollatemübung tritt nun an Stelle der früheren Tiefatmungsübung und soll täglich zweimal, und zwar morgens und abends, siebenmal hintereinander durchgeführt werden.

Auch während der übrigen Zeit des Tages soll der Schüler ab und zu eine solche Vollatmung vornehmen. Nach und nach muß er sich diese Atmungsweise überhaupt so zu eigen machen, daß sie ihm zur vollsten Gewohnheit wird. Er muß später immer so atmen.

Wenn er die tägliche Vollatmungsübung einwandfrei beherrscht, so kann er, wie früher, diese Übung so durchführen, daß er mit dem rechten Nasenloch einatmet, den Atem anhält und dann durch das linke Nasenloch ausatmet. Die Dauer der einzelnen Phasen dieses Atems ist anfänglich wieder je 15 Sekunden und soll langsam erhöht werden.

Auch die Erfolgübung, morgens, darf nicht vergessen werden. Desgleichen müssen auch alle anderen für den Morgen und den Abend in früheren Stufen gegebenen Vorschriften weiter eingehalten werden.

5. Stufe

Wenn es der Schüler ermöglichen kann, so soll er von jetzt an über die ganze Entwicklungsperiode sich des Fleischgenusses vollständig enthalten. Immerhin aber muß er darauf bedacht sein, die Ernährung so zu regeln, daß er die positiv schwingenden Stoffe nicht entbehrt. Die gemischte vegetarische Lebensweise ist jetzt am Platz. Gemüse, mit Ausschluß von Bohnen und allen blähenden Speisen, sollen genossen werden. Milchspeisen, Mehlspeisen, besonders Haferspeisen, Obst und geschrotetes Brot. Datteln, Feigen, Bananen sollen zum Nachtisch niemals fehlen, ebensowenig Nüsse aller Art. Von tierischen Nahrungsmitteln sind Milch, Butter, frischer, leichter Käse und Eier erlaubt. Die Eier dürfen aber keineswegs hart gesotten sein.

Alle Reizmittel müssen nun vermieden werden. An Stelle von Kaffee oder Tee genieße man Milch, Schokolade oder Kakao. Auch lehne man alle stark gewürzten Speisen ab; Pfeffer, Ingwer und Vanille usw. würden Erregungen hervorrufen, die störend auf die folgenden Übungen einzuwirken geeignet sind.

Man sorge für äußere und innere Reinlichkeit in der in den früheren Stufen angegebenen Weise. Nur müssen jetzt kalte Bäder vermieden werden. Dagegen sind die kalten Abwaschungen mit darauffolgenden Frottierungen geboten. Warme Bäder dürfen nicht mehr als zweimal wöchentlich genommen werden, welchen stets eine kalte Abwaschung mit Frottierung folgen muß. Man halte sich stets vor Augen, daß das Wasser ein sehr großer Odentzieher ist, weshalb ein längerer Aufenthalt in kaltem Wasser unseren Zwecken infolge der starken Odentladung des Körpers entgegenwirkt.

Dampfbäder müssen unbedingt vermieden werden. Ferner muß sich der Schüler, ob er nun ledig oder verheiratet ist, jedes geschlechtlichen Verkehres von nun an bis zur vollendeten Entwickelung unbedingt enthalten.

Zu diesem Zwecke ist es nötig, stets die vollste Selbstbeherrschung zu bewahren. Der Geschlechtstrieb ist beim Menschen am stärksten ausgeprägt und ist eine der schwersten Ketten, die ihn an das Irdische binden. Wer sich in dieser Beziehung nicht voll und ganz zu beherrschen lernt, wird seine Entwicklung nicht zu Ende bringen können, denn der Geschlechtstrieb und die damit verbundene Odabgabe und Gedankenablenkung wirken geradezu hemmend auf die Betätigung unserer okkulten Kräfte.

Es richtet sich dieses strenge Verbot selbstverständlich nur für die Dauer der Entwicklung. Der verheiratete Schüler kann, wenn er bei einem gewissen Grade seiner Entwickelung angelangt ist, den ehelichen Bedürfnissen mit weiser Mäßigung wieder entsprechen. Seine dann erreichte ethische Höhe wird ihn vor dem Zuviel in dieser Beziehung bewahren und nicht wieder zum ausschließlichen Genußmenschen herabsinken lassen. Er wird den Zweck dieses Vorganges zu würdigen wissen und seiner irdischen Natur nur jenen Tribut zollen, der diesem Zwecke entspricht.

Der Schüler mag den Grund erfahren, warum er sich von allem Geschlechtlichen während des größeren Teiles seiner Entwicklungsperiode so streng fernzuhalten hat.

Jede geschlechtliche Erregung ist gleichbedeutend mit einer ganz enormen Odabgabe. Das wäre an und für sich schon ein Grund zur Versagung, denn das Od dient uns als psychischer Mittler für die transzendentale Ebene, es darf daher diese Kraftquelle nicht geschwächt werden.

Bei der sexuellen Vereinigung zweier Geschlechter findet aber auch eine Vermischung der Odausstrahlungen statt, die so intensiv ist, daß sich beide Teile gegenseitig vollständig influenzieren. Der eine übernimmt des anderen Od und bleibt durch längere Zeit mit ihm verbunden. Die große Gefahr liegt nun aber darin, daß das Od des Menschen psychisch gefärbt ist. Das Od des zornigen Mensch entspricht diesen Schwingungen, das Od eines disharmonischen Menschen ist disharmonisch usw. Wenn nun ein Schüler, der sich doch von allen Leidenschaften zu befreien hat, sich z. B. mit einer Person geschlechtlich vermischen würde, deren Seele noch von solchen Übeln beherrscht wird, so müßte er diese ihm feindlichen Odqualitäten übernehmen. Aber nicht nur, daß er dann selbst wieder heruntersinkt, auch seine okkulten Übungen wären für ihn eine Quelle fortwährender geistiger Gefahren, denn da er mit anderen Ebenen in Verbindung tritt, ist er auch allen ihren bösen Einwirkungen ausgesetzt. Ist er im Zorn influenziert, wird er Wesen heranziehen, die dieser Leidenschaft entsprechen – ist er mit starker sinnlicher Leidenschaft gesättigt, so werden sich ihm bei seinen Übungen Bilder und Empfindungen aufdrängen, die ihm keinesfalls zu Nutz und Frommen dienen; ja selbst zeitweise Besessenheit könnte sein Los sein.

Es ist nicht leicht, besonders für den männlichen Schüler, sich zur absoluten Enthaltsamkeit zu zwingen, darum seien nachstehende Vorschriften angegeben, durch deren Anwendung der große Kampf erleichtert wird.

Die meisten sexuellen Erregungen wurzeln in einer unreinen Gedankenwelt. Hier muß der Hebel hauptsächlich angesetzt werden. Jeder sexuell anregende Gedanke muß sofort im Keim erstickt werden, man lasse unter keinen Umständen solche Gedanken anwachsen, sondern sende sie augenblicklich zurück. Am besten geschieht dies dadurch, daß man sofort mit großer Energie dem entgegengesetzten Gedanken Raum gibt und diesen durch längere Zeit festhält. Der Schüler hat das ja schon gelernt.

Das Ansehen von erregenden Bildern muß peinlichst vermieden werden, wenn es aber berufshalber und wo es nicht zu umgehen ist, dennoch geschehen muß, so suche man mit aller Kraft die Gedanken vom Irdischen abzulenken und auf das Geistige überzuleiten. Man zwinge sich sofort zu dem Gedanken der Vergänglichkeit; wenn der Schüler durch die Schönheit eines Weibes zu stark beeinflußt wird, so stelle er sich dieses Weib tot vor und denke an den Verwesungsprozeß.

Die Schüler beiderlei Geschlechts werden gut daran tun, stets mit dem Willen zu einer absoluten Keuschheit einzuschlafen; der Gedanke an die Reinheit der Seele und des Körpers soll stets der letzte sein, bevor man die Augen schließt.

Dann schlafe man niemals auf dem Rücken – diese Lage führt bei strenger Enthaltsamkeit meist zu Pollutionen. Man verkehre nicht zuviel mit dem anderen Geschlecht. Eheleute sollen die gegenseitigen körperlichen Zärtlichkeiten etwas einschränken und ihre Liebe zueinander mehr geistig ausstrahlen lassen.

In nächster Stufe, wenn der Schüler sich bereits einige Zeit an die sexuelle Enthaltsamkeit gewöhnt hat, wird ihm gelehrt werden, für die sexuellen Energien, die er dann in seinem Körper aufgespeichert hat, eine bessere Verwendung zu finden. Diese latenten Energien können und sollen frei gemacht werden, aber nicht zur Befriedigung der Sinneslust, sondern zur Unterstützung der geistigen Kräfte, zur Schärfung des Intellekts.

Noch sei der Schüler daran erinnert, daß er von nun an stets seiner hohen Aufgabe – ein neuer, wahrer Mensch werden zu wollen – eingedenk sei. Er muß diesem Gefühle auch nach außen durch eine einfache aber edle Haltung und Gebärde Ausdruck zu geben suchen. Er haste nie, sei ruhig, sicher und selbstbewußt, verleihe seinem Wesen eine natürliche, ruhige Anmut und gebe seinem Blick Ernst, Liebe und Milde.

Der Schüler soll die bekannte, nunmehr für jeden zweiten Tag angesetzte Ruheübung (mit geschlossenen Beinen, die Hände auf dem Tisch) auch weiterhin vornehmen, nur soll er jetzt das Bild weglassen und folgenderweise üben.

Hat er sich in die richtige Stellung gebracht, und ist vollständige Ruhe im Körper eingetreten, so schließe er die Augen. Und nun versuche er mit dem geistigen Auge eine Innenschau in seinem Körper vorzunehmen. Mit großer Willensanstrengung gebe er sich die Suggestion, das Sonnengeflecht (in der Nähe der Magengrube) erblicken zu wollen. Es ist einerlei, welche Vorstellung er sich von dem Aussehen dieses Nervengeflechtes machen kann. Irgendein mit Abbildungen versehenes, populär-anatomisches Werk, welches er sich vorher für diesen Zweck angesehen hat, wird ihm diese Übung erleichtern, obwohl es nicht unbedingt nötig ist, da es hierbei weniger auf die richtige Vorstellung des physischen Aussehens dieses Nervengeflechtes ankommt, sondern auf die geistige Willensstrahlung desselben. Hat sich der Schüler nun zu einer einigermaßen möglichen Vorstellung des Sonnengeflechtes durchgearbeitet, so beginnt erst seine eigentliche Aufgabe.

Er muß sich nun auf diese geistige Willensdurchstrahlung des Sonnengeflechtes konzentrieren, und zwar mit vollster Geistesschärfe, ohne einen fremden Gedanken aufkommen zu lassen, genau so, wie er es bei der Konzentration mit Gegenständen gelernt hat.

Er muß folgenden Gedankengang festzuhalten suchen und ihn immer wiederholen:

„Das Sonnengeflecht ist der Sitz meiner Lebenskraft und meiner Empfindungen und Gefühle. Es verteilt den Nervenäther so, daß er alle Teile des Körpers gleichmäßig durchflutet. Jeder Gedanke, dem ich Raum gebe, wirkt auch auf diese Zentralstelle meiner Nervenkräfte und beeinflußt sie. Diese Nervenströme werden dann zu den Trägern meiner Gedanken, sie werden psychisch influenziert und durchströmen meinen ganzen Körper. Denke ich nun bejahend, also positiv, denke ich Gedanken der Liebe, des Wohlwollens, der Gesundheit, des Erfolges usw., so beeinflusse ich damit mein Sonnengeflecht, es wird sich öffnen und in diesem Sinne gefärbte Nervenströmungen aus dem Universaläther aufnehmen und durch den ganzen Körper senden. Diese Ströme werden aufbauend wirken und mich gesund und glücklich machen. Sie werden mich mit Liebe erfüllen, mit Kraft und Sicherheit, der ganze Organismus wird von diesen Gefühlen ergriffen werden, und meine odische Ausstrahlung wird in diesem Sinne auch meine ganze Umgebung beeinflussen.

Ich werde in Zukunft weder schwächlichen, negativen noch bösen Gedanken Raum gewähren, denn ich weiß, daß solche Gedanken mein Sonnengeflecht schädlich beeinflussen. Es würde sich zusammenziehen und die Aufnahme des harmonischen Weltäthers verhindern. Es würde nur unreine Nervenströmungen in meinem Körper zirkulieren lassen und Krankheit, Leid und Unglück, böse Handlungen wären die Folgen meiner Torheit. Und die dadurch erzeugte schlechte, odische Ausstrahlung würde verderbend auch auf meine Umgebung wirken, und ich würde dann schuldig werden, auch anderen Leid und Unglück gebracht zu haben. Das aber will ich nicht. Ich werde rein sein in meinen Gedanken, wohlwollend, liebevoll, voll Zuversicht und Vernunft.

Ich werde dadurch erstarken an Leib und Seele, ein ganzer, tüchtiger, ein guter, edler Mensch werden, frei von Selbstsucht und Leidenschaft, frei von Furcht und Mutlosigkeit. Ich werde nur aufbauende, erhaltende Kräfte erzeugen und diese auch ausstrahlen. Ich will bewußt eins werden mit der großen Kraft, deren Teil ich bin."

Von solchen Gedanken und Gefühlen muß sich der Schüler während dieses Experimentes durchstrahlen lassen. Es soll gut eine halbe Stunde dauern ohne jede Unterbrechung. Anschließend an obige Übung kann man noch folgende Übung empfehlen, die den Erfolg bedeutend erhöht.

Man lege sich gleich nach obiger Übung auf ein Ruhebett, lockere seine Kleidung und strecke seine Arme waagrecht aus. Der Kopf darf nicht zu hoch liegen. Man versuche möglichst wenig zu denken, zu welchem Zwecke es gut ist, einen Punkt an der Decke zu fixieren. Wem sich absolut Gedanken aufdrängen, so sollen es nur Gedanken des Friedens, der Ruhe und der Harmonie sein. Dann ziehe man energisch die Magengrube ein, um sie nach einigen Sekunden wieder herauszutreiben. Das mache man siebenmal hintereinander. Hierauf spanne man alle Muskeln des Körpers mit einem energischen Ruck an, löse auf gleiche Weise nach einigen Sekunden die Anspannung und lasse langsam alle Muskeln wieder erschlaffen. Auch dieser Vorgang wird siebenmal gemacht. Dann atme man langsam und tief bei geschlossenem Mund durch die Nasenlöcher ein, halte den Luftstrom einige Sekunden in der oberen Lunge fest, um ihn dann in den Unterleib zu drücken. Dann macht man die oben beschriebene Vibration mit der Magengrube mindestens dreimal, um hierauf langsam die Luft wieder durch die Nasenlöcher entweichen zu lassen.

Das Einatmen, Anhalten und Hinunterdrücken als auch das Ausatmen soll möglichst rhythmisch geschehen und die gleiche Zeitdauer einnehmen. Die ganze Atemprozedur geschieht ebenfalls siebenmal. Jedesmal beim Anhalten des Atems im Unterleib, bzw. während der Vibration müssen wir von dem energischen Gedanken beherrscht sein, das Sonnengeflecht zu erwecken und zu erhöhter Tätigkeit zu bringen. Man denke dabei mit vollster Willenskraft beiläufig:

„Sei tätig, erwache, mache mich gesund, weise und harmonisch."

Es ist selbstverständlich, daß bei dieser Übung im Sommer die Fenster offen sein müssen; im Winter muß für gute Ventilation gesorgt sein.

Durch nichts wird die Willenskraft so sehr gestärkt als durch das Versagen liebgewordener Gewohnheiten. Nicht, daß verlangt wird, dieselben vollständig aufzugeben. Aber man lasse öfter eine Unterbrechung eintreten und besonders dann, wenn man ein besonderes Verlangen nach der Erfüllung des betreffenden Wunsches empfindet. Mitunter sind es nur Kleinigkeiten, aber gerade diese sich zu versagen, entspricht einer großen Kraftentwickelung. Der Schüler versuche es nur, und er wird sehen, daß es ihm gar nicht so leicht sein wird. Wer z. B. bei seinen Spaziergängen gewöhnt ist, stets einen ihm liebgewordenen Ort aufzusuchen, vermeide zu öfteren Malen denselben. Wer ein Buch liest, das ihn sehr gefangen nimmt, lege es bei der spannendsten Handlung zur Seite und gelobe sich, es einige Tage nicht mehr anzusehen; wer sich ein Vergnügen gestattet (welches selbstverständlich mit den Prinzipien seiner Entwickelung im Einklang stehen muß) unterbreche dasselbe im schönsten Augenblick, usw.

Der Schüler wird dadurch sehr positiv. Es wird ihm immer leichter und leichter werden, seine Willenskraft zu entfalten, er wird sich immer mehr und mehr verschmolzen fühlen mit dem großen Willen. Er darf kein Hindernis scheuen, das ihn abzuhalten bestimmt ist von seinem Entwicklungsgange. Nichts ist zu schwer, das er nicht erfüllen könnte, denn er ist die „Kraft"; er muß sich nur als diese erkennen.

Durch! Das sei sein Losungswort.

Daher vergesse er auch nie seine Erfolgübung jeden Morgen, sie wird ihm stets eine neue Kraftquelle zufließen lassen.

Die Spiegelübung jeden zweiten Tag wird fortgesetzt. Es entsteht nun dabei für den Schüler die Aufgabe, seinem Auge eine nach außen wirkende seelische Kraft zu geben. Das Auge ist der Spiegel der Seele. Der Neugedankenschüler wirkt auf seine Seele und ist bestrebt, sich zur größten Harmonie und zu innerem Frieden zu bringen. Er sucht in sich dem wahren Glücke die Pforten zu öffnen. Und wie er empfängt, so soll er auch geben. Sein harmonischer Seelenzustand soll seinem Auge entstrahlen und nach außen sich verkünden. Sein Blick muß Harmonie, Liebe und Wohlwollen zeigen. Wen er ansieht, den muß er durch seinen Blick bezwingen; er muß nach außen zeigen, was er fühlt und seine Umgebung mit der Wärme seines Blickes allein schon beeinflussen, die gleichen Wege zu gehen.

Der ethisch Höhersteigende erhält, da der Körper stets von der Seele beeinflußt wird, ohnedies nach und nach eine, dem psychischen Entwicklungszustand entsprechende, äußerliche Erscheinung. Aber dieser Prozeß geht langsam. Der Neugedankenschüler soll wirken und werben, darum mag er die

Entwicklung seiner äußeren Erscheinung beschleunigen. Und da ein hoheitsvoller, liebestrahlender, die Seele des anderen Menschen erwärmender Blick ein großes Werbemittel ist, so muß sich der Schüler diesen Blick anzueignen suchen. Er wird jeden zweiten Tag bei seiner Spiegelübung trachten, diesen Blick ins Auge hinein zu zwingen. Das kann freilich nur geschehen, wenn der Schüler auch so fühlt. Zu diesem Zwecke soll er während der Spiegelübung entsprechende Gedanken des Friedens, der Harmonie und der Universalliebe pflegen. Es muß warm aus seinem Herzen emporsteigen; er muß Nachsicht für alles empfinden, aber Strenge gegen sich selbst; er muß sich als einen Teil des göttlichen Allwissens erkennen, der nur Gutes will, der nur Gutes ist. Er muß sich in einen Zustand hineindenken, der sich am besten dadurch ausdrücken läßt, daß er die ganze Welt in edelster Menschenliebe umarmen möchte – voll Duldung, voll Barmherzigkeit, voll Harmonie. Und er muß trachten, daß sein Blick diese Gefühle zum Ausdruck bringt. Der Schüler stelle sich vor, sein Spiegelbild wäre ein Mensch, dem er die Wonne seines inneren Glückes mitteilen, den er dadurch erheben und zum Guten leiten will. Er mag diese Übung ausdehnen, so lange er kann, keinesfalls aber weniger als eine halbe Stunde. Und dann suche er diesen Blick beizubehalten, oder im Alltagsleben so oft wie möglich wieder zu erwecken – es wird sich ihm Gelegenheit genug geben.

Die anderen Augenübungen bleiben, wie sie in der vorhergegangenen Stufe angeordnet wurden.

In Stufe 4 wurde dem Schüler geraten, sich im Sehen der Farben zu üben, die sich ihm bei geschlossenen Sinnen in seinem Inneren zeigen. Er wird nun darin schon einige Fertigkeit besitzen.

Daher ist es Zeit, ihm eine gewisse Kontrolle für dieses Farbensehen an die Hand zu geben.

Selbstverständlich braucht diese Kontrolle auch wieder eine größere Übung, und der Schüler darf sich durch anfängliche

Mißerfolge keinesfalls entmutigen lassen. Mit der nötigen Geduld, die doch ein Haupterfordernis der geistigen Entwicklung ist, wird sich auch diese Fähigkeit in ihm entwickeln.

Der Schüler braucht zu dieser Übung erbsengroße Glas- oder Porzellanperlen in den Farben schwarz, grün, rot, gelb und weiß. Diese Perlen müssen aber durchgefärbt sein. Er nimmt von jeder Farbe eine Perle, legt sie vor sich auf den Tisch und reinigt sie von den ihnen anhaftenden, fremden odischen Influenzen. Er fährt nämlich mit den Fingerspitzen von außen nach innen (also von den beiden äußersten Perlen nach der inneren zu) über die Perlen und hebt mit großer Willenskraft diese fremden odischen Influenzen weg, bewegt die Hände im großen Bogen wieder nach außen und schleudert diese Influenzen zur Seite. Diese Manipulation wird siebenmal gemacht. Darauf reinigt er die Hände und odet nun durch die entgegengesetzte Manipulation diese Perlen mit seinen eigenen Influenzen wieder ein, indem er jetzt den Strich von der mittleren Perle ausführt, also die Fingerspitzen der beiden Hände von der mittleren Perle links und rechts zu den äußeren Perlen bewegt. Dann bringt er seine Finger im großen Bogen, der nach außen zu geführt wird, wieder zur mittleren Perle zurück und wiederholt diese Manipulation ebenfalls siebenmal.

Also sieben Striche zum Ausoden und sieben Striche zum Einoden. Beim Einoden muß er sich plastisch vorstellen, wie das Od seinen Fingerspitzen entströmt und sich auf die Perlen lagert. Er muß seine Gedanken dabei auf den Willen konzentrieren, daß die Perlen mit ihm nun in odische Verbindung treten und daß es ihm dadurch bald gelingen wird, jedesmal jene Perle aus einem kleinen Täschchen zu ziehen, die er mit seinem geistigen Auge sieht. Das kleine Täschchen (eine kleine Kinderbörse, welche bequem in der Westentasche zu tragen ist) wird natürlich auf dieselbe Weise aus- und eingeodet wie die Perlen.

Nun behaucht der Schüler Perlen und Täschchen sehr stark

mit derselben vorerwähnten Willenskonzentration und bringt die Perlen in das Täschchen.

Es ist aber eine Bedingung des Erfolges, daß die Perlen kein fremdes Auge erblickt; denn aus dem Auge strahlt Od, und ein fremder Blick würde sofort den Perlen fremdes Od aufladen. Wenn nun der Schüler die Augen schließt und sich auf seine innere Farbe konzentriert, so zieht er hierauf aus seinem Täschchen (ohne jedoch hinzusehen) eine Perle. Diese Perle soll dieselbe Farbe zeigen wie die im Inneren erschaute. Das wird nur durch längere Übung und Einhaltung aller Bedingungen möglich werden.

Der Schüler soll diese Übung bei jeder Gelegenheit, wenn er sich einen Augenblick allein weiß, vornehmen. Es ist ganz angezeigt, dieselbe täglich 15 bis 20 mal durchzuführen – sie nimmt ja jedesmal kaum 1 Minute in Anspruch. Für das innere Schauen ist es jetzt aber nicht mehr nötig, sich die Ohren mit Wachspfropfen zu verschließen, der Schüler schließe mit den mittleren Fingern die Augen und gleichzeitig mit den Daumen die Ohren, das genügt. Die Farben, die sich uns im Auge zeigen und die wir uns durch die Perlen bestätigen lassen sollen, entsprechen den fünf Tattwas:

Akasha, das Ätherprinzip, schwarz oder farblos
Vayu, das luftige Prinzip, grün oder blau
Tejas, das Prinzip des Lichtes und der Wärme, rot
Prithivi, das erdige Prinzip, gelb
Apas, das wässerige Prinzip, weißlich.

Diese tattwischen Prinzipien sind die Grundschwingungen alles Seins. Sie sind Modifikationen der höchsten, gestaltenden und verkörpernden Kraft des Universums, der absoluten Energie, welche wir „Prana" nennen. Dieses „Prana", gespalten in die fünf tattwischen Aspekte ist die schöpferische Kraft der Welt.

Ehe nun der Schüler diese Kräfte anzuwenden lernt, muß

er sie erkennen und darum mag er dem vorbeschriebenen Experiment sehr viel Geduld und Aufmerksamkeit widmen.

Die morgendliche und abendliche Vollatmungsübung muß auch weiterhin eingehalten werden. Tagsüber soll man ab und zu die Vollatmung wechselweise durchführen, und zwar so, daß man bei der ersten Atemgruppe (Einziehen, Anhalten, Ausatmen) den Atem links einzieht, anhält, und rechts ausatmet, bei der nächsten Gruppe aber rechts einatmet, anhält und links ausatmet usf., stets abwechselnd, siebenmal. Während des anderen Tages kann man diese Wechselatmungsübung so machen, daß man rechts einatmet, anhält und rechts ausatmet, hierauf rechts einatmet, anhält und dann links ausatmet: in dieser Weise werden wieder sieben Atmungsgruppen durchgeführt. Bei den Vollatmungsübungen am Morgen und Abend eines jeden Tages aber muß zum Einatmen stets das rechte Nasenloch und zum Ausatmen das linke benutzt werden.

Im Rhythmus ist Kraft und Harmonie. Das taktweise Marschieren der Soldaten ist keineswegs Spielerei. Dadurch, daß sie gezwungen sind, in geschlossener Reihe gleichen Schritt zu halten und sich ihren Bewegungen gegenseitig anzupassen, bleiben sie viel länger marschfähig und ermüden viel weniger, als wenn sie allein gingen.

Dieses Gesetz der Harmonie trifft auch auf den Atem zu. Wir sollen rhythmisch atmen. Dadurch werden wir uns dieses wichtigsten Lebensprozesses stets bewußt.

Als Maßstab für das rhythmische Atmen gilt der normale Herzschlag. Da derselbe nicht bei allen Personen gleich ist, müssen wir denselben beobachten und uns zum Bewußtsein bringen. So oft der Schüler Gelegenheit hat, lege er den Daumen auf den Puls seiner Hand und zähle. Er wird dadurch die Zeit, die zwischen zwei Pulsschlägen liegt, geistig abmessen lernen und langsam in sein Gefühl übernehmen. Der Rhythmus der Aufeinanderfolge der Pulsschläge wird sich nach und nach vollständig in seinem Gedächtnis festsetzen.

Die Zeit von einem normalen Pulsschlag zum anderen gilt

als Einheit. Nach solchen Einheiten nun wird sowohl das Einatmen, das Anhalten und das Ausatmen bemessen. Auch die Zeit, welche zwischen zwei vollendeten Atemzügen liegt, zählt man nach Pulseinheiten.

Es werden wohl 8-10 Tage eifrigen Beobachtens genügen, diese Pulseinheit sich voll zum Bewußtsein zu bringen. Hat der Schüler dieses Ziel erreicht, so mache er jeden zweiten Tag folgende Übungen.

Er lege sich auf das Sofa und spanne alle Muskeln des Körpers langsam ab, und zwar von oben beginnend, bis herab zu den Füßen. In dieser ruhigen Lage konzentriere er seine Gedanken auf Harmonie, Seelenfrieden und ethisches Höherstreben. Hierauf ziehe er den Atem (diesmal durch beide Nasenlöcher) während 8 Pulseinheiten voll ein, halte ihn durch 4 Pulseinheiten an und atme ihn durch die Nasenlöcher während 8 Pulseinheiten wieder aus. Dann folgt eine Atmungspause von 4 Pulseinheiten, worauf das Einatmen in der vorbeschriebenen Weise wieder beginnt, usf. Also durch 8 Pulsschläge einatmen, durch 4 anhalten, durch 8 ausatmen, durch 4 Pulsschläge Pause, hierauf wieder durch 8 Pulsschläge einatmen, 4 anhalten, 8 ausatmen, 4 Pause usf. im gleichen Rhythmus während 15 bis 20 Minuten. Nach Beendigung dieser Übung sollen jedesmal 9 bis 12 rhythmische Atemzüge ohne Anhalten gemacht werden, und zwar 5 Pulsschläge während des Einatmens und 5 Pulsschläge während des Ausatmens, jedoch ohne Zwischenpause.

Nach einiger Zeit, vielleicht nach 2—3 Wochen wird es dem Schüler wohl gelingen, seine Atmung überhaupt rhythmisch zu regeln. Jedes Einatmen muß dieselben Pulseinheiten haben wie das Ausatmen. Wenn er z. B. durch 4 Pulsschläge einatmet, muß er unbedingt auch durch 4 Pulsschläge ausatmen. Er muß an dem einmal angenommenen Rhythmus dauernd festhalten und soll überhaupt dann nicht mehr anders atmen. Es bleibt natürlich dem individuellen Empfinden überlassen, welche Zahl von Pulsschlägen man seinem Atem zugrunde legt, nur muß man bedacht sein, weder zu lange noch zu kurz zu atmen – der Atem muß ruhig gehen – ein Bild der vollsten Seelenruhe und der Harmonie. Die Wirkung dieser Atmungsweise ist wunderbar, sie beeinflußt sowohl den inneren als auch den äußeren Menschen. Wer immer so atmet, dem wohnt der Friede in der Brust, der hat eine edle Haltung, ein verklärtes Antlitz und seine Augen leuchten und glänzen und spiegeln den Zustand seiner Seele. Dieses rhythmische Atmen soll nur zum Zwecke besonderer anderer Atemübungen unterbrochen werden.

Es ist auch an der Zeit, daß der Schüler sich mit folgender Wahrheit vertraut macht.

Unser Atem strömt nicht gleichzeitig auf beiden Nasenlöchern mit derselben Stärke, er ist entweder links oder rechts stärker. Man versuche den Atem durch die Nase auf eine ungetrübte Spiegelfläche strömen zu lassen, und man wird sich von dieser Wahrheit leicht überzeugen können. Der Spiegel wird auf einer Seite mehr getrübt sein. Man halte sich ferner abwechselnd das eine und das andere Nasenloch zu, und man wird finden, daß man durch das eine Nasenloch besser und ohne Beschwerde atmen kann als durch das andere. Wenn man 2 Stunden später dasselbe Experiment macht (vorausgesetzt, man ist gesund und ohne Erkältung oder Fieber), so wird man entdecken, daß der stärkere Atemstrom auf das andere Nasenloch übergegangen ist. Daraus folgt, daß der Atem alle 2 Stunden von einem auf das andere Nasenloch wechselt. Die indische Philosophie nennt den rechtsströmenden Atem „Pingala" oder „Surya", auch „Sonnenatem", weil er das erwärmende positive Prinzip hat. Der linksströmende Atem heißt „Ida" oder „Chandra", auch „Mondatem", er ist das kalte negative Prinzip. Während des Wechsels, alle 2 Stunden, strömt der Atem für einige Minuten durch beide Nasenlöcher gleich schwach; man nennt diese Periode „Susumna".

Dieser Wechsel des Atems birgt ein großes Geheimnis

und steht in enger Beziehung zu unserem körperlichen und seelischen Wohl und Wehe. Der Schüler wird in nächster Stufe die nötige Aufklärung erhalten.

Vorerst ist es seine Aufgabe, durch fortgesetzte Prüfungen, wozu ihm tagsüber ja vielfach Gelegenheit geboten ist, diese Tatsache festzustellen. Er muß es fertig bringen, jederzeit, unauffällig und mit Leichtigkeit die rechte oder die linke Atemströmung konstatieren zu können. Er braucht nur das eine Nasenloch zuzuhalten, und er wird aus dem freien oder behinderten Atmen durch das offene Nasenloch erkennen, auf welcher Seite sein Atem stärker strömt, also ob er in Chandra oder Surya atmet.

Die Übung mit dem „Strahlensehen" soll bei jeder sich darbietenden Gelegenheit durchgeführt werden. Nach und nach versuche man die odische Strahlung auch bei Tieren zu beobachten und schließlich auch an Pflanzen. Dazu wird man gut tun, die Versuchsobjekte anfänglich in einen dunklen Raum zu bringen. Nach erhaltenen Erfolgen versuche man die Strahlungen an Tieren und Pflanzen auch beim Licht zu erblicken. Es läßt sich hier keine weitere Anleitung geben, der Erfolg dieses Experimentes hängt von der Willenskraft ab.

Die Übungen des „plastischen Denkens" soll man noch beibehalten, d. h. sie müssen wöchentlich einige Male durchgeführt werden. Daneben soll man mindestens jeden dritten Tag folgende Übungen vornehmen.

Man unterstreiche sich in einem Buche einige Sätze mit einem Farbstift, lese sie dann mehrmals aufmerksam durch, schließe die Augen und versuche das Gelesene im geistigen Auge zu erschauen. Später kann man dieses Experiment dahin ausdehnen, daß man eine sehr dramatisch bewegte Stelle in dem Buche auswählt und zuerst den Text vor dem geistigen Auge auftreten läßt und dann sich zwingt, die betreffende Handlung in naturgetreuen Bildern plastisch deutlich vor dem geschlossenen Auge erscheinen zu lassen.

<>

Wöchentlich zweimal soll der Schüler auch folgendes Experiment durchführen.

Er stelle eine größere Photographie, eine ihm bekannte Person vorstellend, auf den Tisch, setze sich davor und stelle neben den Tisch einen Sessel. Nun konzentriere er sich sehr scharf auf die Photographie, mindestens 15 Minuten lang. Dann sehe er auf den Sessel. Unter Aufwand der stärksten Willensanstrengung muß es ihm nach und nach gelingen, die betreffende Person, welche die Photographie vorstellt, neben sich auf dem Sessel zu sehen. Anfänglich wird das nur sehr undeutlich, in schattenhaften Umrissen der Fall sein. Bei jeder späteren Übung aber wird die Vorstellung immer plastischer und deutlicher werden.

Die Konzentration auf lebende Tiere wird beibehalten. Daneben versuche nun der Schüler die Konzentration auf einen Gegenstand, nicht in der Abgeschlossenheit, sondern öffentlich durchzuführen. Die beste Gelegenheit hierzu bietet ihm der Besuch eines öffentlichen Lokales, allerdings nicht am Abend. Es darf auch kein Lokal sein, wo geraucht wird. Er konzentriere sich dort auf eine Gabel, einen Teller oder sonst einen Gegenstand und lasse sich von dem ihn umgebenden Lärm unter keinen Umständen beeinflussen. Ein andermal lese er an einem solchen Ort eine Zeitung. Er suche sich einen kleinen, ihn lebhaft interessierenden Aufsatz aus, lese ihn mehrmals durch, konzentriere sich scharf auf denselben und versuche ihn dann wörtlich aus dem Gedächtnis niederzuschreiben. Bei beiden Übungen aber darf sich der Schüler nicht ablenken lassen, nicht einen Augenblick dürfen seine Gedanken den Gegenstand seiner Konzentration verlassen. Diese Übungen, exakt durchgeführt, sind ziemlich schwer, gelingen aber dem Fleißigen und Ausdauernden stets.

Schließlich wird der Schüler noch auf eine höchst wichtige Übung aufmerksam gemacht, die den Zweck hat, in weiterer Folge den für die Entwicklung der okkulten Kräfte so nötigen negativen Zustand herbeizuführen.

Der Schüler ziehe sich jeden zweiten Tag in seinen Übungsraum zurück, nehme eine Weckuhr mit und sorge, daß er durch keinen Umstand gestört werden kann. Er muß sich in absoluter Ruhe und Harmonie befinden. Bei Beginn des Experimentes stelle er das Schlagwerk der Weckuhr so, daß es in ungefähr einer Viertelstunde zu tönen beginnt.

Nun lege er sich auf ein Ruhebett, spanne in der bekannten Weise langsam alle Muskeln ab und atme rhythmisch. Wenn er vollends zur Ruhe gekommen ist, sehe er starr auf die Decke des Zimmers und versuche sich von allen Gedanken nach Möglichkeit frei zu machen. Nach einigen Minuten zwinge er sich, kraft seiner Plastisch-Denkübungen, an der Zimmerdecke eine helleuchtende Scheibe zu sehen, ungefähr von 20 Zentimeter im Durchmesser. Diese Scheibe muß sich um ihren Mittelpunkt drehen. Nun muß die schärfste Konzentration einsetzen! Es darf für den Schüler nichts mehr auf der Welt existieren als die leuchtende Scheibe! Sie dreht sich – dreht sich – dreht sich fort und fort – das sei der einzige Gedankengang, dem sich der Schüler immer intensiver hingeben muß. Achtung vor dem Einschlafen! Das Experiment wird so lange angehalten, bis die Weckuhr ertönt. Es wird für den Anfang geraten sein, sich die Ohren zu verschließen, damit durch die Straßengeräusche die Konzentration nicht gestört wird. Dann aber muß man die Weckuhr dicht neben sich haben, eventuell auf einem hohlen Blechgefäß stehend.

Der Schüler soll dieser Übung sehr viel Aufmerksamkeit zuwenden, denn dieselbe wird in der nächsten Stufe vertieft werden.

Die Übungen der Körpergymnastik werden fortgesetzt, sie erfahren erst in Stufe 6 eine Abänderung. Auch die Gedächtnisübungen, die Übungen mit dem magnetischen Blick, dem Kreis usw. dürfen nicht ausgelassen werden – überhaupt soll man, nach Zeit und Gelegenheit, die alten Übungen ab und zu vornehmen, damit auf allen Linien der Entwicklung kein Stillstand eintritt und das bereits Errungene auch stets gekräftigt wird. Der Schüler mag sich jetzt die Zeiten seiner Übungen nach Belieben einteilen. Wem es an der Zeit gebricht, der kann z. B. die für jeden Tag angesetzten Übungen erst jeden zweiten oder dritten Tag vornehmen. Das macht nichts – verlängert nur das Entwicklungsstadium – keinesfalls dürfen aber dann die Übungen einer neuen Stufe früher in Angriff genommen werden, als bis der Stoff der vorangegangenen voll und ganz beherrscht wird.

Die Morgen- und Abendübungen aber müssen täglich vorgenommen werden und bleiben nach wie vor bestehen.

Der Schüler wird gebeten, sich mit einer ihm befreundeten oder geistesverwandten, aber sensitiven Person zwecks Vornahme telepathischer Übungen in Verbindung zu setzen. Am besten ist es, Personen zu wählen, mit welchen man im gemeinschaftlichen Haushalt lebt, also Ehegatten, Eltern, Geschwister usw.

Die Telepathie oder Gedankenübertragung erfordert eine geschulte Willenskonzentration. Die dem Körper und hauptsächlich den Augen und dem Kopfe entströmenden Odstrahlungen sind die Träger dieser konzentrierten Gedanken. Wenn 2 Personen sich in telepathischen Experimenten üben, so ist eine Person jedesmal der Aussender oder „Agent" und die andere Person der Empfänger oder „Perzipient". Der Schüler muß sich in beiden Fällen üben. Er muß aussenden und empfangen lernen.

Wir wollen in diesem Abschnitt nur die einfachsten Experimente vornehmen. Der Schüler sehe sich mit seinem Partner ein Spiel Karten an. Er wähle sich im Einverständnis mit seinem Partner von jeder Farbe eine, also im ganzen 4 Karten, aus. Zu empfehlen ist es jedoch, im Anfang die Figuren zu vermeiden. Der Partner wird zuerst den Empfänger machen. Er setzt sich bequem in einen freistehenden Stuhl, schließt die Augen mit einem Tuch, verstopft die Ohren und bemüht sich an nichts zu denken. Er verhält sich abwartend. Nun nimmt der Schüler als Aussender eine der gewählten Karten, z. B.

Herz-As, ohne daß jedoch sein Partner etwas davon merkt, tritt hinter denselben, hält die Karte vor sich hin und versucht seinem Partner das Bild der Karte geistig zu übertragen. Er muß sich in seiner Vorstellung den hinteren Teil des Kopfes des Empfängers geöffnet denken.

Und nun bohrt er in das Gehirn der anderen Person mit der größtmöglichsten Konzentration und Willensschärfe das Bild der Karte ein; er muß sozusagen das Bild der Karte in das Gehirn des Partners versenken, immer mit dem festen Willen, daß seine Versuchsperson dieses Bild empfängt und in das Bewußtsein aufnimmt. Man muß viel Geduld bei dieser Übung haben. Der Agent darf keine Sekunde an etwas anderes denken, sondern muß von seiner Aufgabe vollständig erfüllt sein. Er darf sich absolut nicht ablenken lassen. Der Empfänger nun muß sich seinerseits ebenfalls von allen fremden Gedanken frei halten und darf nur von dem lebhaftesten Wunsche beseelt sein, die gezogene Karte vor seinem geistigen Auge zu erblicken.

Er lasse sich nicht sofort von den alsbald auftauchenden Bildern beeinflussen, sondern warte, bis eines dieser 4 Kartenbilder stark und dominierend auftritt. Dann erst sage er seinem Partner das so erhaltene Bild. Das Experiment wird nicht sogleich glücken, aber bei oftmaliger Wiederholung und großer Geduld wird es sicher gelingen und es stärkt diese Übung die Willenskraft ungemein. Ist ein Erfolg eingetreten, so wechsle man die Rollen, der Schüler wird zum Empfänger. Auch das ist nützlich für ihn, denn er übt sich in der Passivität, im Empfangen geistiger Ströme. Es muß später stets abgewechselt werden, der Empfänger wird zum Agent und umgekehrt.

Hat man in beiden Rollen einigermaßen Erfolg zu verzeichnen, so wähle man andere Karten, vielleicht Figuren. Erst bis dieses Experiment, das schließlich auf eine größere Kartenzahl ausgedehnt werden kann, gelingt, gehe man zu schwierigeren Experimenten über, die in einer der nächsten Stufen angeführt werden.

<<>>

6. Stufe

Das Essen dient zur Ernährung und Erhaltung des Körpers. Es ist demnach ein ungemein wichtiger Lebensfaktor. Der menschliche Körper gleicht einer sehr komplizierten Maschine, die großer Sorgsamkeit und Wartung bedarf. Allerdings darf die notwendige Fürsorge für den vergänglichen Leib nicht in eine Anbetung desselben ausarten – er ist nur Mittel zum Zweck, nur das Instrument der Seele, nur die Hülle. Aber wie der Maschinist der ihm anvertrauten Maschine die größte Aufmerksamkeit zuwendet, wie er sorgsam darauf achtet, daß dieselbe weder überheizt wird, noch zu wenig Feuerung erhält, damit sie im nötigen Rhythmus funktioniere; wie der Künstler bedacht ist, sein Instrument so zu halten, daß es befähigt ist, seiner Seele zum lebendigen Ausdruck zu werden, und wie schließlich jeder anständige Mensch dafür Sorge trägt, seine Kleidung für die Dauer der Benützung rein und fleckenlos zu erhalten, so sind auch wir verpflichtet, dem Körper jene Sorgfalt zukommen zu lassen, deren er bedarf, um richtig zu funktionieren. Wir dürfen weder zu viel Speise und Trank einnehmen, noch uns unterernähren. In beiden Fällen beschwören wir Gefahren herauf, die insofern verhängnisvoll werden können, als sie der Seele die Möglichkeit nehmen, sich harmonisch durch den Leib zum Ausdruck zu bringen.

Der Mensch kann auf zweifache Art essen. Er kann seine Speisen gedankenlos zu sich nehmen, nur entsprechend dem tierischen Bedürfnis. Ein solches Ernähren hilft der Ausbreitung und der Vorherrschaft unserer niederen Instinkte und Triebe. Er kann aber auch mit Konzentration essen, und dann wird er dem Zwecke einer weisen Körperernährung gerecht werden. Diese Art der Nahrungsaufnahme ist die allein richtige. Sie bedingt ein langsames Essen, ein gutes Durchkauen und Durchspeicheln und somit, infolge dieser Vorarbeiten ein volles Ausnützen der eingenommenen Speise; den Verdauungsorganen wird auf diese Art nur das natürliche Maß von Arbeit aufgebürdet; die für okkulte Übungen so verhängnisvolle übergroße Gasentwicklung im Körper wird verhindert und der ganze menschliche Chemismus funktioniert harmonisch.

Aber noch einen Vorteil bringt uns das bewußte, konzentrierte Essen. Da alles, was existiert, auch von einer feinstofflichen ätherischen Wesenheit durchdrungen ist, so wird es jedem Okkultisten klar sein, daß wir auch mit den Speisen diese ätherischen Bestandteile zu uns nehmen. Der gedankenlos Essende aber benützt nur die grobphysischen Teilchen seiner Speise, die feinstofflichen gehen ungenützt wieder aus dem Körper. Sie können sich mit seinem inneren feinstofflichen Wesen nur dann mit Nutzen verbinden, wenn dies durch einen Willensakt bewerkstelligt wird. Wer aber imstande ist, seine Mahlzeiten auf solche Art einzunehmen, der führt sich große Kräfte zu.

Der Schüler soll also in Zukunft sich ein langsames Essen angewöhnen. Wenn er darauf bedacht ist, die Nahrungsmittel im Munde gut durchzukauen und so mit Speichel zu durchsetzen, daß sie zum dünnen Brei geworden sind, so ergibt sich aus dieser Prozedur schon von selbst ein richtiges, langsames Essen. Dabei hat er Zeit genug, sich gedanklich mit der feinstofflichen Wesenheit der Speise zu verbinden, und zwar mit dem festen Willen, daß dieselbe von seinem Körper aufgesogen und zu höherer Kräfteentfaltung verwendet werden soll. Der Schüler wird schon in einigen Wochen Erfolge zu verzeichnen haben, die sich ihm besonders in der Zunahme intellektueller Fähigkeiten und der Verstandeskräfte als auch in einem körperlichen Wohlbefinden zeigen werden.

In Stufe 5 wurde der Schüler zur geschlechtlichen Enthaltsamkeit aufgefordert. Es sei ihm heute gezeigt, wie er die, nun in seinem Körper aufgespeicherten sexuellen Energien für höhere Zwecke nutzbringend verwerten kann.

Es handelt sich hier nicht um eine Umwandlung der Zeugungssäfte, wohl aber um eine Umwandlung der Energie, welche diese Säfte belebt. Nichts ist so sehr von Energie durchsetzt als die sexuellen Organe. Die Erschöpfung, welche jedem sexuellen Akt folgt, rührt von der außerordentlichen Odabgabe her, die damit verbunden ist. Der Hellsehende kann bei sexuell erregten Menschen eine außergewöhnlich starke und dichte Ausstrahlung bemerken, die sie wie eine breite Hülle umschließt. Der Hellsehende wird aber auch bemerken, daß bald nach der sexuellen Befriedigung die Odausstrahlung so sehr zurückgeht, daß sie unternormal wird. Es erklärt sich daraus der ungeheuerliche Verlust feinstofflicher Kräfte im sexuellen Leben.

Die Zeugungskraft kann als nutzbringende Energie für das ganze System umgewandelt werden. Es ist töricht, diese Kraft zu vergeuden, sie in Verkennung des Naturzweckes zu verschleudern, wo sie anderenteils zu einer riesigen Quelle vitaler und geistiger Kräfte verwendet werden kann. Der physisch-gesunde Mensch mag dem natürlichen Triebe immerhin in weiser Mäßigung Befriedigung gewähren, wenn er sich des Zweckes dieses Naturvorganges bewußt ist. Alle geschlechtliche Betätigung, die darüber hinaus geht, dient nur zur Stärkung der Leidenschaften und zur Schwächung des Willens. Selbst Menschen mit sehr starkem Geschlechtstrieb sollten, wenn sie sich schon eine Betätigung dieses Triebes unter Außerachtlassung des Naturzweckes, der nur in der Zeugung eines Menschenkörpers zu finden ist, gestatten, stets bedacht sein, sich wenigstens so viel Gewalt anzutun, daß sie zwischen den einzelnen Befriedigungen eine angemessene Spanne Zeit legen, die es ermöglicht, die verloren gegangenen Energien wieder voll und ganz zu ersetzen.

Der Schüler hat sich über solche Schwächen bereits erhoben. Seine geschlechtliche Betätigung wird er, wenn er verehelicht ist, streng unter das Nützlichkeitsprinzip zu stellen wissen. Er wird sich seinem Ehepartner nicht törichterweise vollends versagen – ausgenommen für die Zeit seiner okkulten Kräfteentwicklung – er wird aber auch in keiner Weise mehr einer unnützen Kräftevergeudung huldigen. Er wird oft sein sinnliches Bedürfnis unterdrücken und die Zeugungsenergien umformen, um sie als Kräftereserve zu verwenden oder durch bestimmte Kanäle in den Denkorganismus zu leiten, wo er sie zur Unterstützung seiner intellektuellen Funktionen verwertet.

Das kann durch folgende Übungen bewerkstelligt werden: Wünscht der Schüler die Zeugungsenergie in vitale Kraft umzuwandeln und als Reservevorrat aufzuspeichern, so muß er die sexuelle Kraft durch einen Willensakt in die universelle Kraft zurückführen und diese in den Solarplexus heraufziehen.

Wünscht er aber die Zeugungsenergien in Gehirntätigkeit umzusetzen, so muß er die sexuelle Kraft in Gehirnkraft umwandeln und dieselbe entlang der Wirbelsäule in das Gehirn heraufziehen.

In beiden Fällen muß er sich vergegenwärtigen, daß er es hier ausschließlich mit dem Fluß eines feinsten Stoffes, mit der unsichtbaren, unwägbaren, weil den groben Sinnen nicht wahrnehmbaren Universalsubstanz, Prana genannt, zu tun hat. Wir werden an anderer Stelle dieses Abschnittes über diese Grundursache der ganzen Erscheinungswelt den Schüler aufklären.

Die Zeugungsstoffe sind in außergewöhnlicher Weise mit Prana überladen, daher entwickeln sie auch das meiste Od. Diese Überladung entspricht dem Naturzwecke der Bildung eines neuen Organismus: des Kindes. Wenn nun den Zeugungsstoffen der größte Teil der pranischen Influenzierung entzogen wird, ohne daß damit eine Säfteentladung verbunden ist, so ist neben der besseren Kräfteverwertung auch noch der Vorteil zu erwähnen, daß der menschliche Chemismus nun sogar die zur Zeugung bestimmten Säfte wieder dem Blute in umgewandelter Form zuführt und als Stärkung für den ganzen Organismus verwendet.

Bei diesen Übungen setze sich der Schüler ruhig, in aufrechter Haltung der Wirbelsäule, hin. Der Kopf sei nur ein wenig geneigt, die Hände ruhen zur Seite, und der Blick ist auf den Unterkörper gerichtet.

In dieser Stellung konzentriere sich der Schüler mit voller Geistesschärfe auf die Umwandlung der Zeugungskräfte. Er stelle sich mit lebhafter Imagination vor, wie sich in seinem Unterkörper eine Kraft zu sammeln beginnt, die den Zeugungs-organen lebhaft entströmt. Hat er es zu dieser energischen Vorstellung gebracht, dann konzentriert er mit dem festen Willen darauf, daß die losgebundenen Zeugungsenergien sich in den Solarplexus heraufzuziehen und dort zu sammeln ha-ben. Der Schüler konzentriert sich vorläufig nur darauf, daß dies geschehen werde. Je stärker seine Konzentration ist, je fester er von der Überzeugung des Gelingens durchdrungen ist, desto sicherer wird der Erfolg eintreten.

Nun erst beginnt das eigentliche Experiment. Der Schüler atmet rhythmisch durch beide Nasenlöcher tief und voll ein. Dabei muß er die plastische Vorstellung haben, die Zeugungs-energien emporzuheben bzw. in den Plexus heraufzuziehen. Beim Anhalten des Atems muß die willenskräftige Vorstel-lung walten, daß die von den Zeugungssäften losgebundenen Kräfte (das Prana) von dem Solarplexus aufgesogen werden. Das rhythmische Ausatmen hingegen ist von der scharfen Willenskonzentration begleitet, daß die so umgeformte Kraft eine, den Körper aufbauende und die geistigen Funktionen stärkende, nützliche Verwendung erhalten soll. Dieser Vor-gang (Einatmen, Anhalten und Ausatmen) wird siebenmal hintereinander durchgeführt. Hierauf hält sich der Schüler ganz ruhig und atmet rhythmisch. Er gebe sich jetzt ernsten Betrachtungen hin, über den Zweck seiner Einkörperung über den festen Willen, unablässig an seiner ethischen Entwicke-lung zu arbeiten und überlasse sich Betrachtungen der Rein-heit und der Harmonie.

Sein Glaube an die Wirkung dieses Experimentes muß

unerschütterlich sein – er wird in diesem Falle sehr bald seinen Körper von einer großen Kraftfülle durchströmt fühlen. Diese Übung soll wöchentlich einmal durchgeführt werden und braucht im ganzen nicht länger als eine halbe Stunde zu währen.

Wünscht der Schüler aber die Zeugungsenergien ausschließlich zur Kräftigung seiner Gehirntätigkeit zu verwenden, so muß er bei der Konzentration darauf bedacht sein, die Vorstellung zu erzeugen, daß die Zeugungskräfte ihren Weg die Wirbelsäule entlang in den Hinterkopf zu nehmen haben. Der weitere Vorgang ist dem vorerwähnten gleich, nur ist beim Einatmen die Willenskraft auf das tatsächliche Emporziehen der Kräfte entlang der Wirbelsäule bis in das Gehirn zu richten. Das Anhalten ist mit der Vorstellung des Aufsaugens der Kräfte durch das Gehirn verbunden, und das Ausatmen geschieht mit der scharfen Willensbetonung, daß die umgeformte Kraft zur Entwickelung des Verstandes, des Gedächtnisses, wie überhaupt aller geistigen Kräfte verwendet werden soll.

Die umgeformte Zeugungskraft läßt sich auch in einer speziellen Richtung verwerten. Wenn der Schüler eine geistige Arbeit zu leisten hat, so kann er beim Ausatmen die scharfe Willensbetonung speziell auf die von ihm zu leistende Arbeit richten – er kann z. B., wenn er ein Buch zu schreiben, ein Bild zu malen hat, das Ausatmen mit dem speziellen Wunsche des vollen und ganzen Gelingens seines Werkes verbinden.

Es wird in einer späteren Stufe noch gezeigt werden, wie zu diesem Experimente auch tattwische Kräfte herangezogen werden können. Vorläufig übe der Schüler die erwähnten beiden Arten des Experimentes abwechselnd.

Es wurde in diesem Lehrkurse schon oft der Name Prana erwähnt. Prana ist nach der indischen Philosophie die höchste, gestaltende und verkörpernde Kraft des Universums, also die alleinige, absolute Energie. Prana ist alle Kraft im Urzustande. Es ist hier nicht der Raum, eine eingehendere Definition über Prana zu geben; der Schüler kann sich über das Wesen und die Wirkung dieser Urkraft am besten in der, von dem Verfasser dieses Buches geleiteten Zeitschrift „Psyche" orientieren. Er soll nur festhalten, daß Prana die Ursache des Lebens ist, daß es allen Naturgesetzen zugrunde liegt. Prana ist Bewegung, Schwere, Nervenstrom, Magnetismus, Elektrizität, Gedanke, Leben. Prana ist Alles in Allem. Ohne Prana ist keine stoffliche Erscheinung möglich. Prana ist nicht wägbar und nicht meßbar, aber es manifestiert sich uns als das gestaltende Leben durch seine mannigfachen Aspekte. Die moderne Wissenschaft mit der Elektronentheorie beweist heute schon – allerdings ganz gegen ihren Willen – die Wahrheit der Lehren der indischen Philosophie.

Diese Universalkraft zu meistern, ist des Schülers hohe Aufgabe. Mit jedem Atemzuge nimmt der Mensch Prana zu sich. Es ist die höhere Aufgabe der Atemtechnik, dieses Universalprana von der eingeatmeten Luft abzuziehen und mit der Willenskraft verschiedenen Organen und körperlichen Funktionen zuzuführen. Alles ist Prana, auch die Luft, aber in diesem Falle stellt die Luft nur ein manifestiertes Prana vor, also Prana in einem seiner zahllosen Aspekte. Die Willenskraft führt das manifestierte Prana auf sein absolutes Urwesen zurück und läßt diese reine Kraft auf den Körper wirken. Im gleichen Sinne ist das Prana der Zeugungskraft individuell manifestiert; die Willenskraft führt die Umwandlung in die Urkraft durch und leitet das reine Prana auf gewisse Nervenzentren, die dadurch, weil Prana das Leben ist, zu erhöhterer Wirkung gelangen. Nun erst wird der Schüler den Sinn der vorerwähnten Übungen ganz verstehen. Obwohl Prana unsichtbar, unwägbar und überhaupt den Sinnen nicht wahrnehmbar ist, muß der Schüler doch durch seine ausgebildete Imaginationsfähigkeit imstande sein, den pranischen Strom in seinem Körper zu fühlen. Es ist auch gut, wenn er die Vorstellung heranbildet, Prana als eine unendlich feine, weißliche, gasartige Substanz zu sehen und zu empfinden. Eine solche Vorstellung, wenn sie auch den Tatsachen nicht entspricht, wird dem Schüler bei allen späteren Experimenten Erleichterung gewähren und ihm den gewünschten Erfolg bringen.

Der Schüler muß nun seine morgendliche und abendliche Vollatmungsübung der pranischen Strömung anpassen. Er soll, wenn er den Atem einzieht, wissen, daß er damit eine große Menge Prana aufnimmt – er muß die absolute Überzeugung davon haben. Beim Anhalten der Luft muß er sich vergegenwärtigen, daß Prana nun in reichlicher Menge frei wird und sich blitzschnell in seinem ganzen Körper verteilt. Er muß das so wollen! Beim Ausatmen muß er daran denken, daß Prana bereits im Körper die Tätigkeit begonnen hat und als organisierendes Prinzip mit der auszuatmenden Luft alle unreinen Influenzen aus dem Körper entfernt.

Der Schüler hat rhythmisch atmen gelernt, er soll sich nun auch bestreben, rhythmisch zu gehen. Er richtet sich dabei vollständig nach seinen, von ihm festgestellten Pulseinheiten. Durch Übung und Beobachtung muß er nun sehen, wie viel normale Schritte auf einen Atemzug kommen. Das läßt sich im Zimmer ganz gut feststellen. Wenn er z. B. für das rhythmische Einatmen 8 Schritte konstatiert, so muß er auf das Atemanhalten 4 Schritte und auf das Ausatmen wieder 8 Schritte verwenden. Hat er nur 4 Schritte für das Einatmen, so muß er 2 Schritte für das Anhalten und 4 Schritte für das Ausatmen verwenden. Es läßt sich in dieser Beziehung für den Europäer keine allgemein gültige Vorschrift aufstellen; Hauptsache ist immer, daß der einmal festgestellte Rhythmus durch die ganze Zeit des Gehens eingehalten wird, denn der Rhythmus selbst ist ganz individuell. Hat sich der Schüler durch Zimmerübungen das Verhältnis seines Atems zur Schrittzahl festgestellt, so mache er die folgende Übung so oft als möglich im Freien. Jeder Spaziergang sollte für diese Übung, die wöchentlich vorerst mindestens zweimal durchgeführt werden muß, verwendet werden.

Der Schüler muß beachten, daß er seine Schritte weder zu lang noch zu kurz wählt – es soll ein ruhiges Schreiten sein. Bevor er den Spaziergang, bzw. das rhythmische Gehen beginnt, soll er feststellen, ob sein Atem aus Chandra, also links, oder aus Surya, also rechts, strömt. Auf jener Seite, wo der Atem strömt, muß unbedingt der erste Schritt geschehen. Man tritt also bei Chandra links, bei Surya rechts an. Und nun achtet man peinlichst darauf, daß der Rhythmus beim Gehen stets eingehalten wird. Die Spaziergänge sollen anfangs nicht länger als eine halbe Stunde währen – später können sie mehr ausgedehnt werden. Man soll sich dabei allein befinden, alle Gesellschaft ablehnen, sich gerade halten und durch die Außenwelt nicht beeinflussen lassen. Aus diesem Gehen entspringt ein wunderbares Gefühl der Zufriedenheit, Kraft und Harmonie. Der indische Yogi geht überhaupt nie anders. Der Gang wird dadurch hoheitsvoll, schwebend und die Haltung eines Entwickelten würdiger. Wer sich geistig und körperlich müde und abgespannt fühlt, braucht nur 15 Minuten in dieser Weise in der frischen Luft wandeln, und er wird sich wie neugeboren fühlen.

Die beste Wirkung hat dieses Gehen, wenn es mit Surya begonnen werden kann. Strömt aber Susumna, so soll der Schüler die Übung nicht unternehmen. Er muß dann abwarten, bis der Atem nach rechts oder links übergeht.

Das in Stufe 5 beschriebene Atemvibrations-Experiment soll nunmehr auch mit der Pranavorstellung verbunden werden.

Jedes Atemexperiment, das in Verbindung mit der Pranavorstellung steht, heißt im allgemeinen: „Pranayam".

Es wird dem Schüler aufgetragen, auch außer den vorgeschriebenen Zeiten, so oft er Gelegenheit hat, ein Pranayam durchzuführen. Er soll dies in einer bestimmten Stellung auf einem teppichbelegten Boden tun.

Der Yogi bedient sich zur Ausübung des Pranayams zweier Stellungen, die er abwechselnd anwendet. Diese Stellungen sind:

1. Er sitzt nach orientalischer Art mit gekreuzten Beinen, die an den Leib herangezogen sind, am Boden. Dabei muß die Ferse des einen Beines so unter dem Damm zu liegen kommen, daß sie an denselben angepreßt ist; die andere Ferse liegt obenauf. Die Haltung muß völlig aufrecht sein, das Rückgrat eingezogen und der Kopf so geneigt, daß das Kinn auf die Brust zu liegen kommt. Die Augen fixieren die Nasenwurzel, d. h. jenen Punkt zwischen den Augenbrauen, an welchem die Nase entspringt. Das ist die „Siddhasana-Stellung".

2. Es wird dieselbe Stellung eingenommen, nur kommt die rechte Ferse an jenen Ort des linken Oberschenkels anzuliegen, der denselben mit dem Gesäß verbindet. Die linke Ferse dagegen liegt in gleicher Weise an dem rechten Oberschenkel an. Der Schüler soll darauf achten, daß die Stellung nur dann richtig ist, wenn es ihm gelingt, mit den auf dem Rücken gekreuzten Händen die Zehen zu erfassen, und zwar, daß er die rechte Zehe mit der linken Hand und die linke Zehe mit der rechten Hand zu ergreifen imstande ist. Wenn diese Probe gemacht ist, dann werden die Hände auf den Schoß gelegt, der Kopf nach vorn geneigt, bis das Kinn die Brust erreicht und die Zunge wird oben, an dem Gaumen, direkt an die Vorderzähne angehalten. Die Körperhaltung ist vollständig aufrecht mit gerader Wirbelsäule. Diese Stellung heißt „Padmasana".

Bei Stellung Nr. 1 wird der Atem nur durch das rechte Nasenloch eingezogen und durch das linke hinausgelassen – die entgegengesetzten Nasenlöcher werden mit der Hand zugehalten. Bei Stellung Nr. 2 wird der Atem mit beiden Nasenlöchern eingezogen und durch beide wieder herausgelassen.

Diese Stellungen (immer gegen Osten) brauchen eine längere Vorübung. Es wird daher dem Schüler geraten, mindestens eine Woche vorher sich in den beiden Stellungen zu üben.

Hat er die nötige Fertigkeit erreicht, so kann er zum Pranayam übergehen, indem er beim Einatmen sich der Pranavorstellung hingibt, beim Anhalten sich die Ansammlung im Plexus vorstellt und sich die Empfindung suggeriert, wie Prana blitzschnell sich in allen Teilen seines Körpers mitteilt, und indem er schließlich beim Ausatmen das plastische Empfinden hat, daß Prana ihn geistig und körperlich kräftigt und von allem Niederen befreit. Das ist die einfachste Form des Pranayam. Der Schüler soll es wöchentlich mindestens zweimal, und zwar abwechselnd in den beiden Stellungen durchführen.

Sollten diese Yogistellungen dem Schüler aber durchaus nicht gelingen, so mag er die gewöhnliche orientalische Stellung einnehmen. Er setzt sich so auf den Teppich, daß sein Körper auf dem Gesäß zu ruhen kommt. Die Beine sind gekreuzt, und zwar liegt der rechte Fuß unter dem linken Schenkel und der linke unter dem rechten Schenkel. Aber die Haltung muß unbedingt, trotz des Kopfneigens aufrecht sein. Die Wirbelsäule darf unter keinen Umständen eingezogen werden, und die Richtung des Gesichtes muß stets nach Osten gehalten werden. Der Atem wird rechts eingezogen.

Der Schüler wird aber streng darauf aufmerksam gemacht, daß er keines dieser Experimente in einem unfriedlichen Zustande unternehmen darf. Ein Pranayam im Zorn oder in irgendeiner leidenschaftlichen Erregung durchgeführt, würde böse Folgen nach sich ziehen. Es muß immer die vollste Harmonie vorherrschen. Bei Erregungszuständen ist das Pranayam nur dann gestattet, wenn es den Zweck haben soll, dieser Erregung Herr zu werden. Pranayam zu speziellen Zwecken wird in einer der nächsten Stufen gelehrt werden.

Es ist angezeigt, daß der Schüler lernt, seinen Atemstrom willkürlich, vorerst auf mechanischem Wege, zu wechseln. Er hat in der vorigen Stufe erfahren, daß der Atem nach je 2 Stunden von einem Nasenloch zum andern wechselt und hat diese Wahrheit durch eigene Anschauung bestätigt erhalten. Beim harmonischen und gesunden Menschen tritt am ersten Tage des Neumondes mit Sonnenaufgang der Atem in das linke Nasenloch über, nach 2 Stunden in das rechte, nach weiteren 2 Stunden wieder in das linke usf. durch 3 Tage, an welchem er stets bei Sonnenaufgang links beginnt. Am 4. Tage beginnt er rechts, auch am 5. und 6. Tage, während er am 7. Tage bei Sonnenaufgang wieder links eintritt, solange, bis am 1. Tage des Vollmondes der Atem bei Sonnenaufgang wieder rechts strömt. Am 4. Tage darauf geht der Atem bei Sonnenaufgang wieder links, ebenso am 5. und 6. Tage, während er am 7. Tage wieder rechts zu strömen beginnt, usf.

Dieser Vorgang ist sehr beachtenswert. Es wird aber diese Ordnung durch Disharmonie, Gemütsbewegungen oder Krankheiten sofort gestört. Der Schüler muß daher imstande sein, den Atemstrom zu regulieren, um die Störung dieser, für sein psychisches und physisches Wohlergehen so wichtigen Funktionen wieder aufzuheben. Dem vollständig Entwickelten wird das ja durch einen Willensakt möglich sein. Der Schüler aber ist noch auf den mechanischen Weg angewiesen.

Wenn z. B. der Atem rechts strömt, aber auf der linken Seite strömen soll, dann wird sich der Schüler auf die rechte Seite auf den harten Fußboden legen, und sich unter diese Seite, ungefähr in der Gegend der 5. Rippe (gezählt von unten), ein sehr hartes Kissen schieben, auf das er seinen Körper bzw. die rechte Seite preßt. Er bleibt in dieser Stellung längere Zeit liegen und verschließt das rechte Nasenloch mit dem Finger. Bald wird der Atem nach links überströmen. Der Schüler erhebe sich auf keinen Fall früher, als bis er sich von dem dauernden Erfolg überzeugt hat.

Strömt der Atem links auf der falschen Seite, d. h, daß er rechts strömen soll, so muß er sich links hinlegen und das linke Nasenloch zuhalten.

Der Schüler soll sich, selbst wenn sein Atem richtig strömt, oftmals üben, die Regulierung des Atemstroms in seine Gewalt zu bekommen. Es wird ihm später auch gelingen, wenn er sich in sitzender Stellung befindet, ja, nach Wochen sogar beim Stehen, nur muß er darauf achten, die falsche Seite in der 5. Rippengegend fest und anhaltend zu pressen.

Wir werden dem Schüler in der nächsten Stufe zeigen, wie ungemein wichtig es ist, wenn der Okkultist seinen Atemstrom zu meistern imstande ist, denn es ist bei verschiedenen Verrichtungen, in verschiedenen Lebenslagen usw. durchaus nicht gleichgültig, ob Chandra oder Surya strömt. Es gibt viele okkulte Experimente, die sich nur unter Beachtung dieser Wechselfunktion durchführen lassen.

Nun kommen wir wieder zu den gymnastischen Übungen zurück. Dieselben werden jetzt mit der Pranavorstellung durchgeführt. Zu diesem Zwecke soll sich der Schüler mit den indischen Benennungen der 3 Phasen der Atemtechnik vertraut machen. „Puraka" heißt das Einatmen, „Kumbhaka" das Anhalten und „Rechaka" das Ausatmen.

Der Schüler benütze wieder die gymnastischen Übungen der 3. Stufe, und zwar an einem Tage die Übungen der Gruppe A und an einem anderen Tage die Übungen der Gruppe B. Mehr als zweimal in der Woche braucht nun nicht mehr geübt zu werden. In Verbindung mit der Pranastellung gehören diese Übungen jetzt zum Hatha-Yoga-System.

Gruppe A. Bei Übung 1-4 mache man vorerst Puraka mit kräftiger Pranavorstellung. Bei Kumbhaka lasse man den Pranastrom in die Arme eindringen und vollführe nun diese Übungen, doch jede nur einmal. Dann wird Rechaka eingeleitet, während welcher Atmungsphase man den lebendigen Glauben haben muß, daß sich nun eine große Lebenskraft in den Armen entwickeln wird, daß alle Säftestockung behoben ist und Knochen und Muskeln kräftig werden.

Übung 6 und 7 nach Puraka, je zweimal während Kumbhaka, bei welchem man den Pranastrom in die mittleren Körperpartien und den Unterleib eindringen läßt. Bei Rechaka muß die Vorstellung einer großen Kräftigung des Unterleibes, der

Verdauungsorgane, des Herzens, der Leber usw. eintreten.

Übung 9, 10, 11 wird nach Puraka, also während Kumbhaka, je einmal durchgeführt. Rechaka hat die Vorstellung der Kräftigung der unteren Extremitäten. Man läßt den Pranastrom mit großer Willenskraft während Kumbhaka, also während der Übung, an die benannten Körperstellen eindringen.

Auch Übung 13 und 14 wird in gleicher Weise durchgeführt. Der Pranastrom wird hierbei während Kumbhaka durch den ganzen Körper geleitet. Rechaka ist von der Vorstellung der Allgemeingesundung und Kräftigung des ganzen Organismus begleitet.

Hierauf begibt man sich sofort in eine der beiden Yogistellungen (oder, wenn nicht anders möglich, in die gewöhnliche, orientalische Stellung) und vollendet die Übung, indem man noch dreimal das Pranayam macht, das ebenfalls mit der Pranazirkulierung durch den ganzen Körper und mit der Vorstellung allgemeiner, größter Kräftigung des ganzen Organismus verbunden sein soll. Die Vorschriften wegen des Frottierens sind nun nicht mehr nötig, da der Schüler leicht bekleidet sein kann.

An einem anderen Tage der Woche wird Gruppe B durchgeführt. Der Vorgang ist so ziemlich derselbe: Zuerst zieht man Puraka ein (selbstverständlich durch beide Nasenlöcher), dann tritt Kumbhaka ein, bei welchem der Pranastrom in die übenden Körperteile mit großer Willenskraft geführt wird, woran sich sofort die Übungen anschließen müssen. Auch während der gymnastischen Bewegungen muß man fühlen, wie das Prana in den übenden Körperteilen lebendig ist. Bei Rechaka, wo der Körper wieder in dem Ruhezustand ist, muß stets die Vorstellung von Gesundung und Kraftfülle für die betreffenden Körperteile eintreten.

Man mache bei Gruppe B Übung 1–3 einmal, Übung 5–7 ebenfalls je einmal, Übung 9–10 je zweimal und Übung 12–13 ebenfalls je einmal. Auch Gruppe B wird mit einem 3-maligen Pranayam in der Yogistellung beschlossen.

Nach beiden Gruppen-Übungen ist es angezeigt, sich einige Minuten in ruhender Stellung zu verhalten und rhythmisch zu atmen. Sobald aber ein Schüler diese Übungen nackt durchführen will, darf er auf keinen Fall das darauffolgende Frottieren vergessen. Auch ist es angezeigt, öfter die vorgeschriebenen gymnastischen Übungen ohne Pranavorstellung (unbekleidet) auch fernerhin nebenbei durchzuführen.

Der Blick des Schülers ist nun soweit ausgebildet, daß er denselben einer praktischen Verwertung unterziehen kann. Er muß sich zu diesem Zwecke den „zentralen Blick" aneignen. Der Schüler setze sich seinem Spiegel gegenüber und male sich mit einer leicht wieder zu entfernenden, dunklen Farbe einen etwa erbsengroßen Punkt auf die Nasenwurzel. Dann sehe er in konzentrierter Weise, starr und unbeweglich, auf sein Spiegelbild, jedoch so, daß er nur auf den Punkt an der Nasenwurzel den Blick gerichtet hält. Die Nasenwurzel ist jener untere Teil der Stirne zwischen den beiden Augenbrauen, an welchem die Nase entspringt. Diese Übung soll vorerst nur 3 Minuten währen, kann aber später langsam im Zeitausmaß gesteigert werden. Der Zweck dieser Übung besteht aber hauptsächlich darin, daß man die Augen nicht eine Sekunde von dem Punkt auf der Nasenwurzel des Spiegelbildes abwenden darf und doch gleichzeitig das ganze Gesicht, also das ganze Spiegelbild in allen Details sehen muß. Das wird nicht gleich gelingen, doch Übung macht den Meister. Dabei muß das Gesicht vollständig ruhig gehalten werden — jedes Blinzeln und Zucken muß vollständig ausgeschlossen sein. Der Schüler nehme diese Übung jeden zweiten Tag einmal vor. In der nächsten Stufe wird ihm die Anwendung dieses Blickes für verschiedene Verhältnisse des praktischen Lebens gezeigt werden.

Wir gehen nun zur Ausbildung des „negativen Zustandes" über. Die in Stufe 5 angegebene Übung mit der drehenden Scheibe wird weiter geübt, nur muß jetzt die Weckuhr auf eine längere Zeit, etwa 25-30 Minuten gestellt werden. Sobald der Schüler sich fest in die Vorstellung der drehenden Scheibe eingedacht hat, muß er nun die Scheibe langsam immer kleiner und kleiner werden sehen. Er muß sich der Vorstellung des langsamen Abnehmens der Scheibe mit der ganzen Kraft seiner Imagination hingeben – die Scheibe dreht sich – dreht sich – wird immer kleiner und kleiner – wird ganz klein – zum drehenden Punkt und nun existiert für den Schüler im ganzen Universum nichts mehr als dieser Punkt. Dann wird wohl die Weckuhr ertönen, und das Experiment ist beendet. – Sobald der Schüler einen dauernden Erfolg zu konstatieren hat, kann er diese Übung soweit ausdehnen, daß auch der Punkt verschwinden muß. Dann aber kommt die schwere Aufgabe, an dessen Stelle das „Nichts" zu setzen. Es existiert nichts mehr – keine Scheibe – kein Punkt – keine Zimmerdecke – kein Gedanke – nichts! Es wird dem Schüler ja nur für einige Sekunden gelingen, diesen Zustand festhalten zu können. Immerhin ist das schon ein großer Erfolg, der als Basis zu dienen hat für ein höchst wichtiges Experiment, welches dem Schüler in den nächsten Stufen vorgeführt werden wird.

Das Strahlensehen muß stets weiter geübt werden. Dem in dieser Richtung nun schon gut entwickelten Schüler muß es gelingen, auch die odischen Strahlungen der sogenannten toten Materie zu sehen. Der Tisch, das Glas, das Messer, alles was er zur Hand nimmt, jeder Gegenstand seiner Umgebung, ist in einen feinen, leichten Rauch eingehüllt. Es kann dem Schüler nicht schwer werden, wenn er jede Gelegenheit zur Übung ergreift, sich auch in dieser Weise zu vervollkommnen.

Wir wollen uns nun mit der Vorstufe zur willkürlichen Tattwaveränderung beschäftigen. Wer die tattwischen Kräfte anzuwenden weiß, der hat den Schlüssel für alle Magie in der Hand. Die tattwischen Prinzipien äußern sich durch Ton, Form, Farbe, Geschmack usw. Es ist nun für den Schüler sehr wichtig, diese Bedingungen durch seine Willenskraft und seine plastische Vorstellungsgabe zu schaffen. Wer z. B. das Tejastattwa in sich erzeugen will, muß nebst vielen anderen Bedingungen imstande sein, sein ganzes Wesen mit der roten Farbe zu verbinden, er muß sozusagen in „rot" mit seinem ganzen Wesen verschmelzen, selbst auch dann, wenn seine tatsächliche Umgebung ausgesprochen grün wäre. Das Grün muß für ihn vollständig verschwinden, und alles um ihn herum und in ihm muß rot werden.

Um diese Kraft zu erlangen, mache der Schüler jeden zweiten Tag folgende Übung. Er beschaffe sich in den Farben weiß, schwarz, rot, grün und gelb (helles chromgelb) je 2 Bogen Glanzpapier und klebe die 2 Bogen einer jeden Farbe auf Pappe, so daß eine steife Fläche von doppelter Bogengröße entsteht. Wenn er nun den roten Deckel vor sich hin stellt und sich ausschließlich nur mit der glühenden Vorstellung der roten Farbe beschäftigt, indem er unverwandt das rote Papier ansieht, so muß es ihm nach 10 oder 15 Minuten gelingen, sobald er seine Augen von dem roten Papier entfernt hat, alles was er ansieht, rot zu sehen. Er muß sich dazu zwingen. Natürlich wird diese Übung an einem anderen Übungstage auch mit anderen Farben durchgeführt.

Auch die Erzeugung eines bestimmten Geschmackes im Munde muß sich der Schüler angelegen sein lassen. Er zwinge sich, so oft er Gelegenheit hat, im Munde durch seine Willenskraft, z. B. einen süßen Geschmack, das nächste Mal einen sauren, ein andermal einen scharfen oder bitteren Geschmack entstehen zu lassen. Dabei ist es seine Aufgabe, diesen Geschmack durch Willenskraft und Einbildung immer stärker und ausgesprochener zu erzeugen, so lange, bis die Vorstellung zur Tatsache geworden ist und der betreffende Geschmack wirklich dominiert.

Es ist beiden Übungen sehr viel Sorgfalt und Ausdauer zuzuwenden – der Wert derselben wird dem Schüler erst später klar werden.

Die telepathischen Übungen können jetzt auf Gegenstände

ausgedehnt werden. Man legt 10–15 Gebrauchsgegenstände, wie Taschenmesser, Bleistift, Uhr, Schlüssel usw. auf den Tisch. Beide Übenden besehen sich die Gegenstände genau. Nun setzt sich der Perzipient oder Empfänger wieder mit verbundenen Augen hin, während der Agent leise einen dieser Gegenstände ergreift, hinter den Rücken des Empfängers tritt und das Bild dieses Gegenstandes dem Gehirn seines Partners zu übertragen sucht. Der Agent muß mit vollster Schärfe konzentrieren, er muß das Bild des Gegenstandes förmlich in das Gehirn des Empfängers versenken. Dieser muß sich absolut ruhig verhalten, darf keinen Gedanken nachhängen, sondern muß nur den starken Wunsch haben, den gewählten Gegenstand vor seinem geistigen Auge zu erblicken. Bei diesen Experimenten kommt es auf die größte Geduld an, dann wird der Erfolg nicht ausbleiben. Auch bei diesen Übungen soll abgewechselt werden, so, daß die Person, die heute Agent war, am nächsten Übungstage zum Empfänger wird, usw.

Im nächsten Abschnitte findet eine Erweiterung der telepathischen Experimente statt.

7. Stufe

Es ist in Zukunft für den Schüler von äußerster Wichtigkeit, seine ganze moralische Kraft dem ethischen Vorwärtskommen zu widmen. Er ist an der Grenze angelangt, die schon vielen Neophyten zum Verhängnis wurde.

Schwarze oder weiße Magie ist jetzt die Losung! Die okkulten Kräfte sind bereits aus der Latenz gehoben und beginnen zu wirken. Die Unterweisungen dieses und der nächsten Abschnitte geben den Kräfteäußerungen Zweck und Ziel. Diese haben aber immer einen doppelten Aspekt, der durch die ethische Entwicklungsstufe des Experimentierenden bedingt ist. Selbst die beste Gesinnung kann in den dunklen Aspekt: „die schwarze Magie" hinüberführen, wenn nicht die hochentwickelte Willenskraft, die innere ethische Festigung die absolute Oberleitung haben.

Harmonie und vollste innere Ruhe sind Hauptbedingungen, um Entgleisungen zu vermeiden. Wer jetzt und in Zukunft noch von disharmonischen Schwingungen angegriffen werden kann, wer sich durch äußere Umstände noch aus seiner Seelenruhe bringen läßt, der läuft bei den weiteren Experimenten – selbst beim ehrlichsten Wollen und Meinen – großen Gefahren entgegen!

Habet acht auf die absolute Reinheit des Herzens und auf die ungestörte Seelenruhe in allen Lagen des Lebens. Haltet das Gedankenleben in strengster Ordnung und duldet keinem Gedanken eine größere Entfaltung, der nicht die Probe auf den ethischen Nutzen bestehen kann. Aus Gedanken werden Handlungen, und aus diesen setzt sich das Karma zusammen. Und das Karma ist für den okkult Experimentierenden, wenn er noch eine unreine Gedankenwelt besitzt, ein verhängnisvolles. Wer unreine Gedanken beseelt, wird auch zur Zeit seiner Experimente von diesen niederen Elementalformen umschwebt. Er hat sich damit Feinde geschaffen, die, im Bunde mit gleichschwingenden stärkeren Intelligenzen der feinstofflichen Ebenen, den Experimentierenden in gefährlicher Weise beeinflussen, was ihnen um so mehr gelingt, als bei einigen Übungen eine gewisse Passivität des Schülers nötig ist. Diese gegnerischen Kräfte wirken auf den Experimentierenden ganz nach dessen innerer Veranlagung, entweder verzögernd und den Erfolg behindernd, oder sie lösen unerwünschte Wirkungen aus, die bereits zur schwarzen Magie gehören.

Bei negativeren Naturen erwächst eine noch größere Gefahr, wenn sie nicht vorher gelernt haben, den Seelenfrieden und die vollste Harmonie ständig zu erhalten und in absoluter Herzensreinheit zu leben. Dauernde oder zeitweilige „Besessenheit", hochgradige Nervenzerrüttungen, Gehirnlähmungen u. a. können die traurigen Folgen sein. Man lese Bulwers Roman „Zanoni". Die Hüterin der Schwelle zeigt sich nur dem ungestraft, der „Herr" seiner selbst geworden ist.

Wer sich psychisch und physisch auf jenen Standpunkt gebracht hat, daß er keine Angriffspunkte für niedere Intelligenzen und Wesenheiten mehr gibt, kann gefahrlos weiter experimentieren. Er wird sich in keiner Weise schädigen, denn er hat sich zum Herrn der geheimen Kräfte erhoben und von dem Schilde seiner ethischen Festigung prallen alle feindlichen Geschosse ab.

Es soll an dieser Stelle nicht unterlassen bleiben, nochmals vor einer zu raschen Benützung dieser Vorschriften und Übungen zu warnen. Es ist besser, der ganze Lehrgang zieht sich auf Jahre hinaus, so daß der Schüler schon sein „eigener Meister" geworden, ehe er noch die hohen Experimente zu bewältigen imstande ist, als daß er, Abschnitt um Abschnitt in rascher Folge verschlingend, die Kräfte zu meistern gedenkt, ohne noch sich selbst vollständig in der Hand zu haben.

Darum soll er gerade dem monoideistischen Experiment die größte Sorgfalt zuwenden. Er soll stets darauf achten, den Vormitternachtsschlaf einzuhalten, er muß trachten, die zwölfte Stunde unter allen Umständen schlafend zuzubringen. Es vollzieht sich um 12 Uhr Mitternacht ein magnetischer Ausgleich, der nur im schlafenden oder durch Meditation abgezogenen Zustand wirken kann. Die astrale Sammlung, die während dieser Zeit vor sich geht, wirkt in jener Richtung weiter, die durch den letzten Gedanken vor dem Einschlafen gegeben wurde.

Der Monoideismus ist das beste Selbsterziehungsmittel und somit für den Höherstrebenden von unschätzbarem Wert. Der Schüler schlafe jedesmal nur mit den konzentrierten Gedanken der Harmonie, Nächstenliebe und strengen Selbstzucht ein. Dieses Experiment soll ihm zur Gewohnheit werden – er wird Wunder erleben! Hier ist der Schlüssel zur Entwicklung. Wer mit Gedanken des Friedens einschläft wird mit friedvollem Herzen erwachen. Wer mit der Sehnsucht einschläft, ein besserer Mensch werden zu wollen, der wird am folgenden Tage seine moralische Widerstandsfähigkeit gegen seine Schwächen und Leidenschaften in einer Weise gestärkt fühlen, daß es ihm leicht sein wird, zu siegen. Die schwersten Fehler lassen sich auf diese Art bewältigen und die für den Schüler so nötige dauernde Seelenruhe wird nur durch dieses Experiment wirklich gefestigt.

Der Schüler hat sich jetzt vor allen Rückfällen sorglich zu hüten. Er muß jede Möglichkeit, die ihn mit niederen Influenzen in Verbindung bringen könnte, ängstlich vermeiden. Besonders die Ausübung des negativen Zustandes kann die größten Gefahren herbeiführen, wenn der Experimentierende noch in irgendeiner Weise an unreine Strömungen gebunden ist.

Als eine Folge der Ausübung des negativen Zustandes stellen sich oft Versuchungen ein. Besonders wenn, wie es hier und in den nächsten Stufen gelehrt wird, auch die Entwicklung des Hellsehens und Hellhörens vor sich geht. Es stellen sich dann unter der verlockenden Maske eines hochstehenden geistigen Führers niedere Wesen ein, die den Neophyten auf diese Weise nach und nach derart beeinflussen, daß er alle Kritik und alle Selbstbestimmungsfähigkeit verliert und zum willfährigen Werkzeug unheimlicher Mächte heruntersinkt.

Noch ist es nicht an der Zeit, solchen Stimmen Aufmerksamkeit zu schenken! Der Schüler soll stets der Wahrheit eingedenk sein, daß der „reine" Meister auch nur mit einem „reinen" Werkzeug arbeiten kann. Wenn die Zeit gekommen ist, wird er sich dem Wunsche des Hilfesuchenden nicht versagen. Auf jeden Schüler wartet sein Meister. Aber eben darum suchen niedere feinstoffliche Wesenheiten, die sich auf dieser Ebene nur mit Hilfe des Odes eines dem Okkultismus ergebenen Menschen betätigen können, dem Eingreifen des wirklichen Meisters zuvorzukommen. Sie trachten daher durch List und Schlauheit das ahnungslose Opfer zu bewältigen, es für ihre unsauberen Zwecke auszunützen und dem Meister das Instrument zu verderben.

Also Vorsicht vor dem Wolfe in der Lammesgestalt! Alle derartigen Versuche müssen von dem Schüler energisch abgelehnt werden!

Die Übungen dieser und der nächsten Stufen sind schwierig und sehr ernster Natur. Der Schüler steht nun gewissermaßen wieder vor einem Abschnitt seiner Entwicklung, der ihn tiefer in die okkulten Gesetze einführt und einen ernsteren Gebrauch der zur Entfaltung drängenden Kräfte bedingt.

Das Strahlensehen muß weiter geübt werden, und zwar so oft als möglich, bei jeder sich darbietenden Gelegenheit. Nun aber muß sich der Schüler langsam im Erkennen der psychischen Strahlungsqualität üben. Er wird zu diesem Zwecke sich stark auf den Solarplexus der sich ihm gegenüber befindlichen Menschen konzentrieren. Es kommt dabei hauptsächlich darauf an, die Strahlungen dieses Nervengeflechts in vollster Klarheit und Deutlichkeit zu erkennen. Diese Strahlung wird dem noch ungeübten Auge anfänglich weißlich grau erscheinen. Aber später, in Verbindung mit den tattwischen Übungen, wird der Schüler die Fähigkeit erlangen, die Plexusstrahlungen in Farben zu erkennen. Und aus diesen Farben, entsprechend den tattwischen Gesetzen, wird er den augenblicklichen Gemütszustand der betreffenden Person zu beurteilen vermögen. Und dies ist im Verkehr mit den Menschen sehr wichtig und vorteilhaft. Wenn sich z. B. die Plexusstrahlung stark rötlich erweist, so zeigt das, daß die betreffende Person augenblicklich im Tejas-Tattwa schwingt. Dem Einfluß dieses Tattwas entsprechend wird diese Person aber zu jener Zeit sehr zum Widerspruch, zu Zorn und Streitlust geneigt sein – man kann also sein Verhalten ihr gegenüber dementsprechend einrichten. Darüber wird an anderen Stellen noch ausführlich gesprochen werden. Dem Schüler liegt jetzt nur ob, durch öftere und sorgsame Übungen sowohl an sich selbst als auch an seinen Mitmenschen besonders die quantitative Strahlung des Solarplexus festzuhalten und sich zu bemühen, dieselbe immer klarer und schärfer zu erkennen.

Sonne und Mond sind kolossale pranische Kraftquellen. Die Priester und Weisen der Völker des Altertums haben es verstanden, sich diese Kraftquellen zunutze zu machen.

Das Universalprana der Sonne wirkt in bestimmter Weise auf den Menschen, anders als das Prana des Mondes. Das Sonnenprana setzt sich in elektrische Kräfte und das Mondprana in magnetische um.

Es ist für den ausübenden Okkultisten nötig, über sehr starke elektrische Kräfte zu verfügen. Er wird sie in nachstehender Weise von der Sonne in sich aufnehmen.

An allen sonnigen, wolkenreinen Tagen soll sich der Schüler vormittags, am besten zwischen 10 und 11 Uhr ins Freie, an einen einsamen Platz begeben, wo er vor Beobachtung sicher ist; dazu eignen sich Waldlichtungen vortrefflich. Er stellt sich der Sonne gegenüber, erhebt die Hände – die Handflächen der Sonne zugewandt – so weit, bis diese von den Sonnenstrahlen voll und ganz getroffen werden und verharrt einige Minuten in dieser Stellung. Dabei konzentriert er sich mit vollster Willensstärke, daß er das Sonnenprana kräftig anziehe und es sich auf seinen Handflächen ablagere. Sodann führt er die Hände der Stirne zu, kreuzt sie so, daß die rechte Hand auf die linke und die linke Hand auf die rechte Stirnhälfte weisen und fährt mit den so gekreuzten Händen ungefähr zwei Zentimeter entfernt vom Gesicht über dasselbe nach abwärts und über den Körper, soweit es die gekreuzten Hände zulassen. Während dieser Prozedur muß er sich vorstellen, wie das von der Sonne aufgenommene Prana sich aus den Fingerspitzen und aus den Handflächen in großem Strome auf ihn ergießt und von allen Körperteilen kräftig eingesogen wird. In Wirklichkeit wird dem Schüler das Sonnenprana nicht sichtbar sein, diese Überraschung stellt sich erst in späterer Zeit auf Grund anderer Übungen ein; aber der Schüler bedarf zum Gelingen des Experimentes einer Vorstellung, und die muß ihm seine entwickelte Imagination geben. Er muß sich während der magnetischen Striche, durch welche er das Sonnenprana auf seinen Körper überleitet, von diesem Prana ganz durchdrungen fühlen. Nach Beendigung des magnetischen Striches fährt er mit den Händen wieder im weiten Bogen nach auswärts und kehrt die Handflächen abermals der Sonne zu, um neues Prana mit der gleichstarken Konzentration aufzunehmen, welches er dann wieder in der beschriebenen Weise auf den Körper durch die magnetischen Striche überträgt.

Der Schüler soll anfänglich das Experiment nur dreimal hintereinander wiederholen. Es darf nicht länger als 5 Minuten währen. Erst in späterer Zeit kann es etwas ausgedehnt werden. Die Hauptsache dabei ist, daß man vollständig unbeobachtet bleibt und eine sehr starke Willenskonzentration aufzubringen vermag. Es hat nichts zu bedeuten, wenn nach der Übung der Appetit etwas nachläßt. Der Körper ist von einer so großen Kraftmenge durchflutet, daß er nur geringerer Nahrungsaufnahme bedarf. Mehr als einmal des Tages darf man die ganze Übung nicht vollziehen, dagegen soll man darauf achten, dieselbe unbedingt jeden sonnigen Tag vorzunehmen.

Eine günstige Folge dieser Übung ist auch die Entwicklung einer großen Positivität. Wer öfter Sonnenübungen macht, hat weniger Gefahr, die Beute niederer Einflüsse zu werden. Es wird ihm dann auch folgende Übung leichter gelingen und günstige Erfolge bringen.

Der Schüler muß sich zu schützen imstande sein vor der Übernahme fremder odischer Influenzen und Einflüsse. Er kann dies, indem er sich mit einem Schutzmantel umgibt. Auf der Eisenbahn, im Gedränge, auf der Straße, in Gesellschaft, überall wo er in allzu enge Berührung mit Menschen kommt, deren Od und Einflüsse störend auf ihn wirken könnten, bilde er um sich den Schutzmantel, von welchem alle odischen Strahlungen, alle niederen Einflüsse wirkungslos abprallen.

Das Experiment muß anfänglich in der Abgeschlossenheit geübt werden. Der Schüler ziehe sich in sein Zimmer zurück, nehme eine der drei Yogistellungen ein, ziehe den Atem kräftig an mit der plastischen Vorstellung, daß er viel Prana damit absorbiere und halte längere Zeit Kumbhaka.

Um das zu erreichen, muß man sich schon vorher im Atemanhalten mehrfach geübt haben. Man muß es so weit gebracht haben, Kumbhaka bis zu einer Minute tadellos anzuhalten.

Während des Kumbhakas nun konzentriert man mit vollster Schärfe, daß infolge der starken Pranaaufnahme ein dichter Odstrom aus dem Körper dringe, der sich am Kopfe sammelt und von dort, einem Schleiergewebe gleich, mantelartig über den ganzen Körper ausbreitet und sich immer mehr verdichtet, so daß man sich von ihm vollständig eingehüllt fühlt. Gleichzeitig ladet man diesen Mantel mit dem konzentrierten Willen, daß er seine Leitungsfähigkeit verliere und alle auf ihn eindringenden Influenzen abstoße. Man zwingt sich in die Vorstellung hinein, daß der umgebende Odmantel nach außen hart und undurchdringlich wie Stahl sei. Dann atme man aus, um das gleiche Experiment noch zweimal zu wiederholen. Den Schüler muß schließlich ein Gefühl der absoluten Sicherheit ergreifen, er muß das Bewußtsein haben, daß er nun feinstofflich und psychisch sozusagen unverletzlich ist! Und nach einigen Übungen wird es ihm auch gelingen, diesen Mantel zu sehen – er ist tatsächlich keine Einbildung, sondern ein fein materielles Schutzgebilde, undurchdringlich gemacht von seinem Willen.

Nach erlangter Fertigkeit, die sich nach wöchentlich zweimaliger Übung schon in 4-5 Wochen einstellen wird, führe man diese Übung in Gegenwart anderer Menschen aus. Natürlich nicht in der Yogistellung, sondern im Stehen. Vorerst nur in Gegenwart fremder Menschen, vor welchen man sicher ist, nicht angeredet zu werden, vielleicht in einem Park, im Eisenbahnwagen, im Restaurant u. ä. Man halte das Experiment erst dann für gelungen, wenn man den Mantel sieht. Später allerdings muß man imstande sein, den Mantel auch in Gesellschaft bekannter Personen, mit welchen man zu sprechen hat, zu bilden. Das ist aber erst dann möglich, wenn man es bereits so weit gebracht hat, Kumbhaka unauffällig zu halten, in Gegenwart anderer Menschen rasch und sicher zu konzentrieren und überhaupt das ganze Experiment in wenigen Augenblicken durchführen zu können.

Dieses Experiment hängt hauptsächlich von einer entwickelten Konzentrationsfähigkeit ab. Zur Steigerung derselben suche man Gelegenheiten, die sehr viel Anlaß geben zur Ablenkung. Mitten im größten Lärm, im Volksgedränge usw. muß man sich mit vollster Klarheit andauernd auf einen Punkt konzentrieren können. Die Meisterschaft in dieser Fähigkeit hat jener Mensch errungen, der bei solchen Gelegenheiten imstande ist, alles, was um ihn vorgeht, vollständig ins Bewußtsein aufzunehmen und sich doch einem bestimmten Gedankengang mit vollster Tiefe hinzugeben. Solche Personen beherrschen die Gefahr mit Seelenruhe. Mitten im Toben der Elemente, im Gewühl der Schlacht und dergleichen erregenden Umständen vermögen sie ihre Ruhe zu bewahren.

Der Schüler suche Volksversammlungen auf, er benütze verkehrsreiche Straßen und übe die Konzentration, indem er

sich z. B. bemüht, schwierige Rechenexempel während dieser
Gelegenheit zu lösen. Dessenungeachtet muß er sich bestreben, auf seine Umgebung zu achten, es darf ihm kein Vorfall
entgehen, keine Merkwürdigkeit, die die Straße zeigt, und auf
gefährlichen Straßenübergängen muß er der Sicherheit seiner
Person die vollste Sorgsamkeit zuwenden, ohne sich aber
auch nur einen Augenblick von seinem rechnerischen Exem-
pel abbringen zu lassen. Es muß sich beim Schüler eine Art
doppelten Bewußtseins heranbilden. Er muß sich die Fähigkeit erringen, sich lediglich nach innen vertiefen zu können
und zu anderer Zeit auch gleichzeitig alle Miteindrücke aufnehmen zu können, ohne dadurch an Vertiefung seines Innen-
lebens einzubüßen. Er muß beide Zustände je nach Bedarf zu
beherrschen imstande sein.

Die doppelte geistige Tätigkeit übt sich auch dadurch sehr
gut, wenn man gelegentlich bei Unterhaltungen sich lebhaft
an einem Gespräch beteiligt und dennoch versucht, gleichzeitig in seinem Innern einen anderen Gedankengang durchzuführen. Das wird natürlich erst nach vieler Mühe, Fleiß und
Ausdauer gelingen. Bei der gleichzeitigen geistigen Tätigkeit
nach zwei Richtungen hin darf natürlich keine Seite zu kurz
kommen, man muß in jeder Richtung mit vollster Geistesschärfe tätig sein. Der solche Übungen betreibt, mag aber
darauf achten, daß ihm das nicht zur Gewohnheit wird, es
muß ganz von seinem Willen abhängen.

Eine weitere Aufgabe erwächst nun dem Schüler. Er muß
trachten, die Brücke von der Konzentration zur Meditation zu
errichten; was durch folgende Übung bewerkstelligt werden
kann.

Bei der Konzentration auf Gegenstände hat sich der Schüler bis jetzt nur an die Äußerlichkeit der Dinge gehalten. Er
konzentrierte sich auf Farbe, Form, Bestandteile, Zweck usw.
Nun aber muß er die Konzentration auf das innere Wesen der
Dinge vertiefen lernen. Er beginne wieder in vollster Abgeschlossenheit mit der elementarsten Übung. In Stufe 2

haben wir uns z. B. auf eine Schere konzentriert. Zur Illustration wollen wir dieses Beispiel beibehalten, und die neue Übung ebenfalls mit einer Schere vornehmen. Da es sich jetzt aber nur im untergeordneten Sinne um Form, Farbe, Zweck usw. handelt, kann man bei dieser Übung den eigentlichen Gegenstand, also hier die Schere entbehren. Man konzentriert sich auf das geistige Bild der Schere und versucht dieselbe mit plastischer, greifbarer Deutlichkeit vor dem inneren Auge erstehen zu lassen. Nun muß man die lebhafte Vorstellung erwecken, daß alles beseelt ist, daß alle Materie, in jeder Dichtigkeit, in jeder Form nur ein sinnfälliger Ausdruck des Geistes ist. Das Vorhandensein der Schere überhaupt entspricht einem geistigen Willensakt, von welchem der Erfinder befruchtet wurde und der sich auch den Erzeugern mitteilte. Die Schere, als anscheinend lebloses Wesen, hat demnach eine Seele, und zwar einen Aspekt des Schöpfungsgedankens. Sie hat aber auch ein astrales Dasein, denn es gibt keinen Grobstoff, der nicht in feinstofflicher Form seine Widerspiegelung hätte.

Es ist bei diesen Übungen dem Konzentrierenden keine Grenze gesetzt, er mag sich in den Zusammenhang der Äußerlichkeit der Dinge mit deren innerer Wesenheit so weit vertiefen als er imstande ist, wenn er nur die plastische Vorstellung aufrecht erhält und in keine Abschweifung gerät. Der Gipfel einer jeden solchen Konzentration ist die klare Erkenntnis, daß alles lebt, weil alles beseelt ist, daß aber alles Leben nur Vorstellung ist und keine absolute Wahrheit, usw. Vom unscheinbarsten Dinge ausgehend, muß jede Konzentration bei der einzigen Wahrheit, der Alleinexistenz des Geistes enden. Und wenn dann diese Konzentration sich nunmehr auf das All-Eine erstreckt und eine Versenkung der eigenen inneren Wesenheit in dieses höchste Prinzip stattfindet, dann ist man bei der reinen Meditation angelangt, über welche wir in einer der nächsten Stufen Aufklärung erhalten werden.

Die vorstehenden höheren Konzentrationsübungen sollen

so oft als möglich vorgenommen werden.

In Stufe 5 wurde auf eine Übung aufmerksam gemacht, nach welcher man das in einem Buche Gelesene plastisch bei geschlossenen Augen vor sich auftreten und handeln lassen soll. Dieses Experiment wird jetzt dadurch erhöht, daß man sich bemüht, bei offenen Augen die betreffende gelesene Handlung in naturgetreuen plastischen Bildern vor sich zu sehen.

Auch das Experiment mit der Photographie einer bekannten Person wird dadurch verschärft, daß man nun jene Person ohne Mithilfe einer Photographie, lediglich aus dem Gedächtnis zur imaginären Erscheinung zwingt und immer plastischer und körperlicher werden läßt.

Beiden Übungen muß sehr viel Sorgfalt zugewendet werden, und bedürfen dieselben einer energischen Willensanstrengung, wenn sie gelingen sollen. Sie sind sehr wichtig, denn sie dienen als Einleitung für folgendes Experiment.

Der Schüler begebe sich abends in ein vollständig verdunkeltes Zimmer. Er setze sich mit dem Rücken gegen das Fenster und sehe ruhig in die Dunkelheit. Mit der Schärfe seiner Willenskraft konzentriere er sich darauf, die im Zimmer anwesenden feinstofflichen Gebilde sehen zu wollen. Nach längerer Konzentration und ruhigem furchtlosem Abwarten, bei welchem jedoch die Gedanken nicht von dem Wunsche, die feinstofflichen Wesen sehen zu wollen, abweichen dürfen, werden sich dem Schüler weißlich-graue, feine Nebelmassen zeigen. Seine entwickelte Vorstellungskraft muß nun diese Nebelmassen zwingen, sich zu sammeln und zu verdichten. Je stärker sein Wille ist, desto sicherer wird das geschehen. Dann beende er sofort die Übung.

Der Schüler wird eindringlich gewarnt, seiner Neugier auf keinen Fall nachzugeben. Erst bis er durch einige Abende gehörig vorbereitet ist, kann er zur Fortsetzung dieses Experimentes schreiten.

An jenem Abend, an welchem er sich sicher genug fühlt,

schließe er zu Beginn des Experimentes den in diesem Abschnitt angeführten Sicherungsmantel um sich herum. Nach der Konzentration der Verdichtung der Nebelmassen (Od) auf eine bestimmte Stelle beobachte er die Formen, die dieselben annehmen und zwinge sie durch Willenskraft zu immer intensiverer Verdichtung und Plastik. Diese Übung darf nicht zu lange ausgedehnt werden, keinesfalls länger als eine halbe Stunde. Der Zweck derselben wird dem Schüler erst später klar werden.

Die Ausbildung des zentralen Blickes erfährt eine Erweiterung. Der Schüler übe ihn jetzt ohne Anwendung des Punktes auf der Nasenwurzel. Er mache so oft als möglich das in Stufe 6 geschilderte Experiment, unterlasse es aber, sich die Nasenwurzel mit Farbe zu bezeichnen. Er muß jetzt den zentralen Blick auch ohne Hilfsmittel fertig bringen. Dann übe er diesen Blick an seiner Umgebung. Er setze sich einer Person gegenüber und fixiere in der angegebenen Weise deren Nasenwurzel ohne zu blinzeln oder zu zucken durch 2–3 Minuten lang und steigere diese Übung später bis zu 5 Minuten und darüber. Hat er sich auf diese Art gut vorbereitet, so entwickle er den magnetischen Blick dadurch, daß er durch Willenskraft dem Auge eine vermehrte Odstrahlung erteilt. Da das Od psychisch gefärbt ist, so kann er dasselbe zum Träger seiner Gefühle und seines Willens machen. Der scharf das Od ausstrahlende magnetische Blick (immer zentral) hat eine machtvolle Wirkung. Er kann schädigen und nützen. Man kann mit diesem Blick auf andere Menschen Zorn, Haß und alle Leidenschaften übertragen. Der in früheren Zeiten von niedrigstehenden Menschen so oft geübte „böse" Blick ist nichts anderes als der zu schlechten Zwecken mißbrauchte magnetische Blick. Alle magische Wirkung, ob gut oder böse, hat eine gemeinschaftliche Quelle. Derselbe Blick, der Unheil und Verderben stiften kann, ist auch imstande, Liebe, Zuversicht und Kraft zu spenden.

Kein Verbrecher kann dem Wahrheit fordernden magnetischen Blick eines ethisch entwickelten Richters widerstehen. Für den Erzieher ist dieser Blick ein unersetzbares Hilfsmittel und durch nichts kann man die dem Guten widerstrebenden Menschen besser bezwingen als eben durch den magnetischen Blick. Freilich muß mit seiner Anwendung stets eine scharfe Willenskonzentration verbunden sein, aber die hat der Schüler ja schon gelernt. Unschätzbar ist dieser Blick in der Stunde der Gefahr, er vermag wilde Tiere niederzuzwingen. Der Schüler kann bei verschiedenen Gelegenheiten die Macht dieses Blickes erproben und ausbilden. Er suche, so oft als tunlich, aufgeregte, zornige Menschen unter diesem Blick zur Ruhe zu zwingen; er wende ihn an, wenn er glaubt belogen oder betrogen zu werden; er stelle sich bösen Hunden gegenüber und zwinge sie zur Flucht. Es ist selbstverständlich, daß der „volle" Erfolg auch bei der Anwendung des magnetischen Blickes erst nach längeren Übungen eintreten wird, aber der Schüler wird sich bald von seiner Wirkung überzeugen und Vertrauen gewinnen.

Der Schüler muß nun auch trachten den „negativen" Zustand beherrschen und anwenden zu lernen. Die fortgesetzte, in Stufe 6 angegebene Übung wird ihm wohl bis jetzt schon die Fähigkeit gebracht haben, den negativen Zustand bis zu einer halben Minute anzuhalten. Er muß sich nun von allen Hilfsmitteln befreien und lernen, diesen Zustand schneller und ohne besondere Vorbereitungen herbeizuführen.

Man setze sich an einen Tisch, stütze den Kopf in die Hände und verschließe mit den beiden Daumen die Ohren und mit den anderen Fingern die Augen, ohne jedoch auf diese einen Druck auszuüben. Dann ziehe man den Atem ein und halte Kumbhaka etwas länger an. Während dieser Zeit muß man rasch und sicher den negativen Zustand einleiten, ohne vorher an eine Scheibe oder ein sonstiges Hilfsmittel zu denken. Ein leichter Druck, der von der Zirbeldrüse ausgeht, bewirkt das sofortige Entleeren des Gehirns von aller Gedankentätigkeit. Es ist dies kein mechanischer, sondern ein geistiger Druck, eine Willensströmung, die von der Zirbeldrüse (an der Gehirnbasis im Hinterkopf) ausgeht und sich über das ganze Gehirn verbreitet.

Der Schüler lasse sich dieses Experiment sehr angelegen sein! Die anfänglichen Mißerfolge dürfen ihn nicht entmutigen; das Ziel wird mit der nötigen Geduld und Ausdauer sicher erreicht. Er muß diesen Zustand beherrschen lernen, da die weitere Entwicklung in mehr als einer Beziehung davon abhängig ist.

Die Stufe 6 hat den Schüler auf die Wichtigkeit des rechtsseitigen oder linksseitigen Atemstroms aufmerksam gemacht. Er wird nunmehr infolge der vorangegangenen Übungen die Regulierung desselben auf mechanischem Wege leicht bewerkstelligen können.

Beim linken Atemstrom ist es von Vorteil, Geldgeschäfte zu betreiben, neue Kleider zu bestellen, Schmuck und Edelsteine einzukaufen, eine weite Reise anzutreten, ein Bildwerk zu beginnen, ein Haus zu bauen oder dasselbe zum ersten Male zu betreten, eine Ehe zu schließen, die Ernte zu beginnen oder die Aussaat, Verwandte zu besuchen oder Höhergestellte, zum ersten Male eine Stadt oder ein Dorf zu betreten oder sich dort niederzulassen. Man beginne während des Chandraatems das Bohren eines Brunnens, mache Geschenke, kehre nach Hause zurück, nehme kühlende oder nährende Medizin ein, beginne den Unterricht, vollbringe mitleidige Handlungen, kaufe Tiere ein oder beginne die Anlegung von Sammlungen. Alles, was eine dauernde und anhaltende Wirkung hervorbringen soll, ist im Chandraatem günstig zu beginnen.

Während des Suryaatems (rechts) beginne man das Studium schwerer Wissenschaften, reite, jage, schwimme oder übe irgendeinen Sport, beginne eine Seereise, die Besteigung eines Berges, schreibe, zeichne oder male, bade, esse oder lasse sich rasieren, die Haare schneiden, beginne ein Spiel, nehme erregende Medizinen ein, mache Gesuche und Audienzen, usw. Alle Handlungen, die schwieriger oder hitziger Natur sind oder nur vorübergehende Wirkungen erzielen sollen, sind, während des Suryaatems begonnen, von günstigem Erfolg begleitet. Geschlechtlichen Verkehr pflege man nur während des rechten Atems, auch soll man nur während dieses Atems Lebenskraft abgeben, d. h. magnetisieren.

Der Schüler hat darauf zu achten, daß der Chandraatem kühlend, herabstimmend, bindend und ausgleichend wirkt, während der Suryaatem erregend, umformend, erwärmend und lösend wirkt. Demnach wird er z. B. nie während des Chandraatems baden, denn er würde sich erkälten, er wird aber während des Suryaatems keine Ehe schließen, da diese infolge des umformenden und lösenden Prinzipes des Suryaatems bald zur Trennung kommen würde. Nach diesen Grundsätzen ist es nicht besonders schwer, bei jeder Handlung des Lebens die richtige Atemform zu bestimmen. Viele Handlungen; wie z. B. das Musizieren, entsprechen beiden Prinzipien, können daher zu jeder Zeit unternommen werden.

In Krankheitsfällen, die hitziger, fiebriger Natur sind, hilft die Überleitung auf den Chandraatem; bei Erkältungskrankheiten aber leite man den Suryaatem ein. Es ist das ganz begreiflich, denn jede Erkältung bedingt ein längeres Beharren des Chandraatems und jedes Fieber einen konstanten Suryaatem, wovon man oft genug Gelegenheit hat, sich zu überzeugen.

Der Schüler wird also zu jeder wichtigeren Handlung den entsprechenden Atem auf die beschriebene mechanische Art einleiten. Später wird ihm ein einfacherer Weg gelehrt werden.

Als Grundsatz aber mag gelten, daß er im allgemeinen während des Tages sich (mit den Unterbrechungen für verschiedene Handlungen) bemüht, den Chandraatem, und während der Nacht den Suryaatem festzuhalten; er soll mindestens beim Einschlafen den Suryaatem herbeiführen. Ein echter Yogi lebt nur auf diese Art.

Während des Sushumma, wenn also bei der Übergangszeit der Atem aus beiden Nasenlöchern strömt, soll man gar nichts beginnen. Diese Phase ist das Prinzip der Verwirrung und wirkt auch in dieser Weise auf alle, während dieser Zeit begonnenen Handlungen. Es wird immer das Gegenteil von dem, was man vorhatte, herauskommen. Sushumna ist nur günstig für meditative Vertiefungen. Während dieser Zeit halte man bei sich Einkehr und beschäftige sich mit seinem inneren Wesen.

Mit der Beobachtung des richtigen Atemstromes ist dem Schüler ein Mittel an die Hand gegeben, sich vor Unbill und Schaden zu bewahren. Er achte auf diese Wahrheiten! Jedoch mag er sich nicht dem Glauben hingeben, daß er dadurch irgendeinem Karma vorzugreifen imstande ist. Wenn ihm irgendein Leid widerfahren soll, so wird er es trotz dieses Wissens nicht aufzuhalten imstande sein, er wird dann einfach die Umleitung des Atems nicht bewerkstelligen können. Nur vor Schaden und Unbill, hervorgerufen durch das viele menschliche Irren, vermag ihn die erlangte Kenntnis und Praxis der beiden Atemprinzipien zu schützen.

Freilich muß bei Berücksichtigung des passenden Atems für irgendeine Handlung, auch auf das eben laufende persönliche Tattwa Achtung genommen werden, damit dessen Wirkung der Atemwirkung nicht entgegenstehe. So ist, während Chandra strömt, nur das Prithvi- und Apas-Tattwa günstig, dagegen soll man während Vayu, Tejas und Akasha bei Chandraatem nichts unternehmen. Bei Suryaatem ist das Vayu-, Tejas- und in vielen Fällen auch das Prithvi-Tattwa günstig. Das Akasha-Tattwa bringt Mißerfolg sowohl bei Chandra als auch bei Surya.

Um ganz sicher zu gehen, muß also der Schüler das in ihm strömende Tattwa erkennen, aber auch verändern lernen. Schon in Abschnitt 6 wurde der Schüler in die Vorstufe zur willkürlichen Tattwaveränderung eingeführt. Er lernte Farbe und Geschmack des betreffenden Tattwas hervorzurufen. Nun muß er einen Schritt weitergehen.

Für Akasha-Tattwa: Mit der Vorstellung der schwarzen Farbe und des bitteren Geschmackes muß sich ihm auch sofort die Vorstellung einer Figur verbinden, die einem Ohre ähnlich ist, ferner die Vorstellung einer Wirbelbewegung und des alles durchdringenden Äthers.

Für Vayu-Tattwa: Mit der Vorstellung der grünen (auch blauen) Farbe und des sauren Geschmackes muß sich gleichzeitig die Vorstellung einer nullförmigen Figur und der Bewegung im spitzen Winkel sowie des luftigen Prinzipes verbinden.

Für Tejas-Tattwa: Mit der Vorstellung der roten Farbe und des scharfen hitzigen Geschmackes suche der Schüler die Vorstellung eines Dreiecks und der aufwärtsstrebenden Bewegung sowie der Hitze und des Lichtes zu vereinen.

Für Prithvi-Tattwa: Der Schüler verbinde gleichzeitig mit der Vorstellung der gelben Farbe und des süßen Geschmackes die Vorstellung einer viereckigen Figur und der horizontalen Bewegung sowie des klumpigen, erdigen Prinzipes.

Für das Apas-Tattwa: Der Schüler muß lernen, mit der Vorstellung der weißen Farbe und des herben, zusammenziehenden Geschmackes, gleichzeitig auch die Vorstellung des Halbmondes und der nach abwärts gerichteten Bewegung, sowie des Wassers und der Kälte verbinden zu können.

Man soll diese Übungen so oft als möglich durchführen. Man muß diese Vorstellungen plastisch erleben, gleichzeitig oder mindestens sehr rasch hintereinander erzeugen, festhalten und verbinden lernen. Wenn der Schüler sich z. B. auf Tejas-Tattwa konzentriert, muß er trachten, sofort alles rot zu sehen und einen scharfen, hitzigen Geschmack zu empfinden. Zu gleicher Zeit muß vor seinem geistigen Auge ein großes, rotes Dreieck erscheinen, in welchem eine Flamme aufwärtssteigt, und sein ganzer Körper muß Hitze empfinden. In ähnlicher Weise wird diese Übung auch für alle anderen Tattwas durchgeführt. Der Schüler glaube aber nur nicht, daß er jetzt schon die Tattwas willkürlich zu erzeugen imstande ist. Es sind dies noch immer einleitende Übungen, die aber sehr nötig sind und mit Fleiß und Eifer durchgeführt werden müssen.

Zur Ausbildung des Hellhörens wollen wir uns vorerst mechanischer Hilfsmittel bedienen. Die Abgeschlossenheit in einem ruhigen, dunklen Raum begünstigt die Entwicklung. Der Schüler setze sich ruhig hin, stimme sich zur Passivität, verschließe die Augen mit einer Binde und die Ohren mit Wattepfropfen. In dieser ruhigen Haltung, bei welcher der Atemprozeß ein wenig heruntergestimmt werden soll, achte er auf die Vorgänge in seinem Innern. Dadurch wird die Grundlage zum geistigen Hören gelegt. Man kann dasselbe schwer beschreiben. Es gleicht nicht dem Hören mit dem Gehörsinn. Die einzig mögliche Ausdrucksweise für das geistige Hellhören ist, wenn es auch absurd klingen mag: ein hörbares, lautes Denken fremder Wesenheiten. Diese Übung, die natürlich ebenfalls nur einleitend ist, soll stets mindestens 20 Minuten dauern und zweimal wöchentlich vorgenommen werden.

An anderen Abenden nehme der Schüler eine Muschel mit möglichst viel Windungen, welche ziemlich groß und dünnwandig sein soll, suche ebenfalls die Einsamkeit seines verdunkelten Zimmers auf, mache sich passiv, stimme die Muskeln und die Atemtätigkeit herab und verschließe sich ein Ohr mit einem Wattepfropf. Das andere Ohr bedecke er mit der Muschel. Aus dem anfänglichen Sausen und Brausen wird sich später mit Hilfe gewisser Kräfte, deren Benutzung in einem der nächsten Lehrbriefe gelehrt werden wird, das Hellhören mit dem Gehörorgan ergeben. Diese Übung ist ebenfalls nur eine Einleitung dazu.

Anschließend an diese oder die vorher beschriebene Übung kann man auch eine einleitende Übung für das „Hellsehen" durchführen.

Der Schüler setze sich in einer Entfernung von ungefähr zwei Meter vor einen dunklen Schrank mit einer polierten, glatten Fläche. Die Fläche soll ziemlich spiegeln, wozu wohl ein mit Furnierholz belegter Schrank am besten zu verwenden ist. Das sich hinter dem Rücken des Übenden gut einen Meter entfernt befindliche Licht muß sehr stark abgedreht werden, so daß nur gerade soviel Licht bleibt, um die Umrisse der Gegenstände zu erkennen. Der Schüler soll sich vorerst die Ohren verstopfen. Bei ruhigem, etwas zurückgehaltenem Atem und aufrechter Haltung der Wirbelsäule sehe er nun, nachdem er sich in eine passive, empfängliche Stimmung gebracht hat, andauernd auf die polierte Schrankfläche. Er soll möglichst irgendeinen wahrnehmbaren, helleren Punkt in der Mitte der Fläche dauernd ins Auge fassen und dem Auge kein Umherschweifen gestatten. Auch diese Übung mag gut 20–30 Minuten währen und soll zwei bis dreimal wöchentlich durchgeführt werden.

Wir kommen nun zu einer ebenfalls nur einleitenden, aber sehr wichtigen Übung, die das „Astralleibaussenden" vorbereiten soll.

In der schönen Jahreszeit begebe man sich in das Freie, an einen Platz, wo man ungestört und unbelauscht ist. Wenn diese Bedingungen gegeben sind, kann man auch seinen Garten dazu verwenden. Wer keinen Garten hat, geht am besten in den Wald und sucht sich eine Lichtung auf. Er soll aber diese Übung keinesfalls im Anschluß an das in diesem Abschnitte geschilderte Experiment des Sonnenprana-Übertragens ausführen. Der Schüler lege sich in das Gras, verstopfe seine Ohren, spanne alle Muskeln vollständig ab und schaue unverwandt in das Blaue des Himmels. Er verfolge die dahinziehenden Wolken und konzentriere alle Gedanken darauf, die Körperschwere aufzuheben, als ob er Flügel hätte und mit den Wolken dahinschweben könne. Es muß die Gedankenkraft so intensiv sein, daß sie im Verlauf der Übung zur treibenden Sehnsucht wird.

Bei dieser Übung, die, so oft es die Umstände nur irgend erlauben, wiederholt werden muß, liege man so, daß der Kopf nach Norden und die Füße nach Süden gerichtet sind. Man verharre in diesem Zustande solange als irgend möglich. Es muß dabei rhythmisch geatmet werden.

Die Übungen der 6. Stufe, die hier keine Abänderung erfahren haben, bleiben bestehen, und es wird dem Schüler aufgetragen, dieselben nicht zu vernachlässigen, wenn sie auch jetzt nicht mehr so oft wiederholt werden müssen.

Die Vorschriften für den Morgen und Abend jedoch müssen unverändert eingehalten werden.

8. Stufe

Das monoideistische Experiment kann auch mit gutem

Erfolge zur intensiveren Entwickelung der okkulten Kräfte herangezogen werden.

Jeder konzentrierte Gedanke, der als absolut letzter in den Schlaf hinübergenommen wird, entspricht einer überaus wirkungsvollen Suggestion auf den Astralkörper, welcher dadurch genötigt wird, in der ihm aufgezwungenen Richtung weiter tätig zu sein, was mit um so größerem Erfolge der Fall sein wird, als ja der Astralkörper während der Ruheperiode des Körpers von seiner starken Gebundenheit zum größeren Teile gelöst wird und mit seinem Wirken freier und nachdrücklicher einsetzen kann.

Der Schüler wird jetzt wohl verstehen, warum besonders die Reinheit seiner Gedanken vor dem Einschlafen verlangt wurde. Die Menschen wissen nicht, wie ungünstig es auf sie einwirkt, wenn sie Gedanken des Neides, Hasses, Zornes oder irgendeiner anderen Leidenschaft mit in den Schlaf hinübernehmen. Nichts fördert z. B. die traurige Hyper-Sexualität unserer heutigen Zeit so sehr, als das Lesen aufreizender, die Sinneslust erregender Bücher vor dem Einschlafen. Unter dem Drucke einer auf diese Art erzeugten übermächtigen Suggestion arbeitet der Astralkörper in der ihm aufgedrungenen Richtung weiter. Er ist entflammt von der betreffenden Leidenschaft und wird von den, dieser Leidenschaft entsprechenden Vorstellungen umstrickt, die auf jenen Ebenen viel intensiver und glühender sind, als in der grobkörperlichen Sphäre. Die Rückstrahlung dieser hochgespannten astralen Eindrücke beeinflußt aber auch gleichzeitig den Körper derart, daß derselbe nach dem Erwachen von den gleichen Schwingungen sich ergriffen fühlt und von dem mächtigen Triebe gedrängt wird, sich in dieser Richtung auszuleben.

Wie grundfalsch ist daher z. B. die Gewohnheit der meisten Menschen, ihre Sorgen in den Schlaf hinüberzuziehen. Nicht nur, daß sie am anderen Morgen in der übelsten Stimmung erwachen und sich schon dadurch neues Ungemach heraufbeschwören; nicht nur, daß sie durch diese gefährliche

Suggestion vor dem Einschlafen ihren Astralkörper der Möglichkeit beraubt haben, den Körper zu Handlungen zu beeinflussen, die in der Folge eine günstigere Wendung der sorgenerzeugenden Umstände herbeizuführen geeignet sind, sondern sie haben ihre Lage sogar verschlimmert dadurch, daß sie ein ganzes Heer von übelwollenden Elementar-Gewalten herangezogen haben, deren Einfluß imstande ist, dem Unglücklichen noch größere Schwierigkeiten zu bereiten: „Die Geister, die er auf diese Weise rief, wird er so schnell nicht wieder los."

Daß das monoideistische Experiment auf das Gemüt und die psychische Entwickelung wie ein Zaubermittel wirkt, hat der Schüler schon gehört – er weiß bereits aus eigener Erfahrung, daß ein Zustand des Friedens und der vollsten Seelenharmonie vor dem Einschlafen ein Erwachen in den gleichen Gefühlen zur Folge hat, die den ganzen Tag über anhalten, ja sogar auf die Umgebung wirken. Auf dieselbe Weise kann man auch die intellektuelle Entwicklung beschleunigen oder die Entwickelung der okkulten Kräfte fördern. Jeder Wunsch, jedes starke Verlangen, wenn sie als absolut letzter Gedanke in den Schlaf hinübergezogen werden, zwingen den Astralkörper zur Lösung, mindestens aber zur intensivsten Beschäftigung in dieser Richtung.

Wer also mit einem Problem, das er im tagwachen Zustand nicht zu lösen imstande war, einschläft, und zwar so, daß der Gedanke an sein Problem scharf konzentriert und der absolut letzte war, wird des andern Tags den Schlüssel gefunden haben, oft sogar gleich nach dem Erwachen. Und dem Schüler dieses Entwicklungskurses kann es nunmehr gar nicht schwer fallen, einen Gedanken solange festzuhalten und jeden, selbst den leisesten störenden Nebengedanken sofort zu entfernen oder besser gar nicht aufkommen zu lassen, bis er vom Schlafe überrascht wird. Gelegenheit wird sich für jeden Schüler ab und zu finden, dieses Experiment in dieser Richtung hin zu erproben.

Großen Nutzen wird das monoideistische Experiment jedem Schüler bringen, wenn er sein Einschlafen in Zukunft in folgender Art regelt.

An dem einen Abend lasse er die Gedanken des Friedens, der Harmonie, Nächstenliebe, Selbsterziehung usw. die absolut letzten sein, mit dem konzentrierten Wunsche, immer besser, edler, selbstloser und liebeerfüllter zu werden. Am nächsten, also an jedem zweiten Abend, gebe er sich vorher den gleichen Gefühlen hin, lasse aber seine Meditation in den kräftigen, konzentrierten Wunsch übergehen, daß seine latenten okkulten Kräfte nunmehr erwachen und sich intensiv entwickeln sollen. Man kann dabei abwechselnd besondere Wünsche stärker betonen, wie z. B. die raschere Entwickelung des Hellsehens, Hellhörens, der Tattwabeherrschung, die volle Erweckung des psychischen Sinnes, usw. Nur müssen diese besonderen Wünsche siebenmal wiederholt werden. Man darf nicht bei der einen Übung z. B. die schnellere Entwickelung des Astralleibaussendens und bei der nächsten Übung die Förderung des Hellsehens verlangen. Wer z. B. die raschere Entwickelung des Tattwa-Beherrschens wünscht, muß diesen Wunsch durch 7 Übungen festhalten und kann dann erst zu einem anderen übergehen.

Sehr gefördert wird die Entwickelung psychischer Kräfte auch durch folgendes Experiment.

In Stufe 7 wurde dem Schüler gelehrt, sich das Universalprana der Sonne zunutze zu machen, um starke elektrische Kräfte zu erhalten. Zur Förderung seiner magnetischen Kräfte, die besonders der Entwickelung einer höheren Sensitivität und des psychischen Sinnes dienen, muß er nun auch das universale Lunarprana in verstärkterem Maße auf sich überleiten können.

Während der Zeit des zunehmenden Mondes bis zum Vollmond begebe sich der Schüler an möglichst wolkenfreien Abenden an einen Ort, wo ihn die Strahlen des Mondes über den ganzen Körper treffen können. Dieser Ort muß absolute Einsamkeit haben. Am besten ist es, diese Übung im Freien, im Hausgarten, auf Feld und Wiese oder in einer Waldlichtung durchzuführen. Es ist eine unerläßliche Bedingung, daß der Übende nicht gestört und von keinem Menschen gesehen wird. Wenn es die Umstände nicht gestatten, sich ins Freie zu begeben, so kann das Experiment auch in der Wohnung ausgeführt werden, man muß aber ein Fenster wählen, durch das der Mond längere Zeit vollständig scheinen kann. Um sich vor neugierigen Blicken zu schützen, wird man am besten die unteren Fensterflügel verhängen; der Mond muß also durch die geöffneten Oberflügel auf den Übenden strahlen. Er muß sich in dem betreffenden Raume vollständig allein befinden und sich vor jeder Überraschung sichern.

Die Ausführung des Experimentes, ob im Freien oder im Zimmer, ist folgenderart.

Der Übende stellt sich dem Mond gegenüber, richtet mit ausgestreckten Armen die Handflächen und die Fingerspitzen gegen den Mond, in der Weise, daß er ihn zwischen den beiden Händen sieht. In dieser Stellung verharre er einige Minuten so ruhig als möglich und sehe starr und unentwegt auf den Mond. Es ist Bedingung, daß sich der Übende in einem ruhigen, harmonischen und empfänglichen Zustand befindet. Dann hole er tief Atem, halte die Luft in Kumbhaka fest und entwickle mit intensiver Willenskraft folgenden Gedankengang:

„Ich ziehe jetzt die magnetischen Kräfte des Mondes an mich heran. Ich fühle seine Strahlen und empfinde, wie sie meinen Körper durchdringen und meine Seele beeinflussen; ich fühle mich leicht und aller irdischen Schwere entbunden. Der Einfluß des lunaren Pranas wird mich ruhiger, harmonischer machen und mich dem geistigen Urquell näher bringen. Meine magnetischen Kräfte werden erwachen; ich werde in hohem Maße sensitiv werden, der innere Sinn wird sich öffnen, und alle okkulten Fähigkeiten werden in mir zu wirken beginnen und sich kräftig entwickeln."

Der Schüler ballt hierauf die Hände zusammen, kreuzt die Arme etwas über der Stirn, indem er die Handflächen derselben zukehrt, öffnet sie rasch, so daß die gespreizten Finger der Stirn gegenüber sich befinden und gleitet nun langsam in einer Entfernung von 2 bis 3 Zentimeter mit den gekreuzten Händen über das Gesicht den Körper entlang herunter, soweit es die Kreuzung der Hände zuläßt. Dabei muß ihn der starke Wille und die plastische Vorstellung beherrschen, daß das von seinen Händen aufgenommene lunare Prana nunmehr auf seinen Körper übertragen und von diesem aufgesogen wird. Der Schüler muß bei dem magnetischen Strich streng darauf achten, daß seine rechte Hand die linke und seine linke Hand die rechte Körperhälfte bestreicht, also die Gegenpole beachtet werden.

Wenn er unten angelangt ist, beiläufig in Kniehöhe, so mag er die Hände seitlich nach außen führen und ausatmen. Da sich der Schüler schon früher darin geübt hat, Kumbhaka so lange als möglich anzuhalten, wird es ihm auch bei diesem Experiment nach und nach gelingen, den Atem über die Dauer der Konzentration und des magnetischen Striches festzuhalten.

Er führt nun die Hände im weiten Bogen nach außen wieder in die Aufnahmestellung – die Handflächen gegen den Mond gerichtet – zurück und wiederholt das ganze Experiment noch zweimal.

Jeder halbwegs wolkenfreie Abend in der Zeit des zunehmenden Mondes bis zum Vollmond soll für diese Übung ausgenützt werden. Anfänglich mache er sie nur – wie oben erwähnt – dreimal hintereinander, später aber fünfmal und bei erlangter Fertigkeit je siebenmal. Keinesfalls aber öfter als siebenmal, denn eine Überladung mit lunarem Prana könnte gefährlich werden. Der Schüler muß die Striche langsam und ruhig machen, dabei aber immer starr und unbeweglich in den Mond sehen.

Die besten Erfolge wird dieses Experiment wohl an jenen Abenden zeitigen, an welchen es in den Vormitternachtsstunden durchgeführt werden kann, und zwar zu jener Zeit, zu welcher der Mond noch östlich steht, also die Scheitellinie noch nicht überschritten hat. Geht der Mond erst spät in der Nacht auf, dann muß der Schüler eben seinen Schlaf unterbrechen und eine Nachmitternachtstunde wählen.

Es ist eine unerläßliche Bedingung, daß der Schüler nach stattgefundenem Experiment so schnell als möglich die Ruhe aufsucht; er soll nichts mehr sprechen und seine Gedanken nur bei dem Experiment und dessen Wirkung verweilen lassen. Hat er die Übung außerhalb seines Wohnraumes gemacht, so muß er besorgt sein, mit keinem Menschen mehr in Verkehr zu treten und auf dem Heimwege allein zu sein und nicht mehr zu sprechen. Er darf sich nach diesem Experiment keiner anderen odischen Influenz aussetzen, weshalb es sehr gut ist, wenn er sich nach vollzogener Übung sofort mit dem in der 7. Stufe gelehrten „Odischen Schutzmantel" sorgfältig abschließt. Wenn er es im Erzeugen dieses Schutzmantels bereits zu einer großen Fertigkeit gebracht hat, so kann er ruhig auf dem Heimweg eine Straßenbahn benutzen, er ist nun gegen odische Überstrahlung geschützt. Er darf sich nur mit keinem Menschen in ein Gespräch einlassen – höchstens daß er mit kurzen wenigen Worten vom Schaffner die Fahrkarte begehrt, und in dieser Beziehung ist dem Schüler anzuraten, die Rückfahrkarte schon vorher zu kaufen.

Wenn nun nach diesem Experiment vor dem Einschlafen im Bette auch noch das monoideistische Experiment mit der zugespitzten Konzentration auf Erweckung aller oder bestimmter okkulter Fähigkeiten angewendet wird, so findet sicherlich in kurzer Zeit eine kräftige Auslösung in der gewünschten Richtung statt. Es werden sich dann bei allen Übungen ungeahnte Erfolge einstellen.

Wir wollen uns nun der vollsten Ausbildung, bzw. der Nutzanwendung des negativen Zustandes zuwenden.

Der negative Zustand ist ein wunderbares Beruhigungsmittel für den Menschen. Er hilft uns Leid und Schmerz überwinden, bringt uns Hoffnung und Zuversicht. Der negative Zustand öffnet uns die Pforte zur inneren Erleuchtung. Seine praktische Verwertung steht in engster Verbindung mit einer gut ausgebildeten Konzentrationsfähigkeit. Allen geistigen Arbeitern, Gelehrten, Künstlern, aber auch allen nach Erkenntnis ringenden Menschen sowie jenen, die sich in üblen Lebenslagen befinden und sich nicht mehr zu helfen wissen, kurz, in jeder Lage des Lebens ist der negative Zustand eine kräftige Hilfe, da er eine direkte Verbindung mit dem inneren geistigen Prinzip ermöglicht. Der negative Zustand kann zu jeder Zeit, an jedem Ort und auch in jeder Umgebung durchgeführt werden.

Zu diesem Zwecke muß der Schüler lernen, diesen Zustand herbeizuführen, ohne daß er die Organe für die Sinnesübermittlung schließt, also mit offenen Augen und Ohren, stehend oder im Gehen.

Vorerst versuche er, in seinem Übungszimmer bei Herbeiführung dieses Zustandes die Augen offen zu halten. Er habe vor sich auf dem Tische oder an der Wand einen ungefähr einen Quadratmeter großen Bogen reines weißes Papier. Dann stütze er auf die an früheren Stellen angezeigte Art den Kopf in die Hände und verschließe nur mit den Daumen die Ohren. Die Augen bleiben offen und sind auf das weiße Papier gerichtet. Dann ziehe er den Atem ein und halte Kumbhaka. Durch den bekannten Druck, von der Zirbeldrüse ausgehend, leite er nun den negativen Zustand ein. Das Auge darf von der weißen Papierfläche keinesfalls abgewandt werden. Dieses Experiment wird erst nach einigen Wiederholungen gelingen.

Ist ein wiederholter Erfolg eingetreten, dann mag der Schüler den negativen Zustand herbeiführen ohne Bannung des Auges mit dem weißen Papier. Die Ohren sind dabei wieder mit den Daumen verschlossen, aber jetzt heißt es die Fähigkeit zu erlangen, den Blick absichtlich so zu verschleiern, daß der

Schüler die ihn umgebenden Gegenstände wohl sieht, sich aber davon gedanklich nicht berühren läßt. Nach und nach wird es ihm gelingen, mit offenen Augen sozusagen in ein „Nichts" zu starren. Ist er so weit gekommen, so hat er es leicht, den negativen Zustand mit offenen Augen auf die bekannte Art durchzuführen.

Inzwischen soll sich der Schüler darin üben, daß er bei jeder passenden Gelegenheit versucht, sein Gehör auszuschalten, ohne die Ohren zu verschließen. Das bedarf großer Willenskraft und einer ebenso großen Geduld. Aber es gelingt dem Ausdauernden. Die Töne rauschen am Ohr vorüber als ein Unbestimmtes, sie dürfen vom Gehörsinn nicht mehr registriert werden; man muß durch viele Übung nach und nach lernen, sich bei offenen Sinnen von der Außenwelt vollständig abziehen zu können. Ist man soweit gekommen, dann muß man versuchen, den negativen Zustand mit offenen Augen und Ohren einzuleiten, im Stehen und schließlich auch im Gehen.

Wenn nirgends der Schüler auf die äußerste Geduldsprobe gestellt wird, so ist es bei diesem Experiment. Es werden bei vielen Schülern Monate vergehen, bis sie zum gewünschten Erfolge kommen.

Ist dieser aber wiederholt eingetreten, dann muß sich der Experimentierende auch von seinem stillen Übungszimmer befreien, er muß lernen, den negativen Zustand mitten im stärksten Lärm an dem belebtesten Ort durchzuführen, freilich muß er bei solcher Gelegenheit um seine persönliche Sicherheit besorgt sein. Übt man auf der Straße, so muß man sich eine geschützte Stelle aussuchen, um sich stützen oder anlehnen zu können.

Jeder negative Zustand hat nur dann praktischen Wert, wenn ihm eine starke Konzentration in einer bestimmten Richtung vorangegangen ist. Um also in einer bestimmten Richtung Erleuchtung zu bekommen, muß man vor Einleitung des negativen Zustandes erst in dieser Richtung andauernd konzentrieren. Wenn man sich z. B. in irgendeiner wissenschaftlichen Frage, bei einem künstlerischen Problem, in einer bedrängten Lage des Lebens usw. in Unklarheit befindet, so setze man sich hin, konzentriere sich durch 15 bis 25 Minuten mit vollster Energie und dem zugespitzten Wunsche nach Wissen und Klarheit, mit seinen Gedanken auf die betreffende Frage, auf das Problem oder auf die unangenehme Lage, in der man sich befindet und führe dann sofort anschließend den negativen Zustand herbei, den man sich bemüht, so lange als möglich festzuhalten. In den meisten Fällen wird sich die ersehnte Lösung sofort nach Beendigung des negativen Zustandes – oft auch erst einige Stunden später – in einer unerwarteten großartigen Weise einstellen. Eine völlige Erfolglosigkeit ist bei richtiger Durchführung des Experimentes ausgeschlossen.

Den negativen Zustand mit vorangegangener Konzentration mitten im Lärm des Tages und mit offenen Sinnen durchzuführen, hat nur den Zweck, diesen Zustand auch in Stunden der Gefahr ausnützen zu können. Im allgemeinen aber empfiehlt es sich, denselben in stiller Abgeschiedenheit und mit den durch die Finger verschlossenen Augen und Ohren anzuwenden. Es ist auch gut, gleichzeitig mit den beiden kleinen Fingern die Nasenlöcher zuzudrücken. Der Schüler wird dann das Kumbhaka erfolgreicher zu halten imstande sein. Große Erleuchtungen werden in der Stille, in der Abgezogenheit gewonnen, das Tor öffnet sich meist erst so recht, wenn der negative Zustand unter dem vollständigen Ausschluß der Sinne und in der Einsamkeit vollzogen wird.

Allen meinen Schülern lege ich es ans Herz, die äußerste Geduld und Ausdauer anzuwenden, damit sie dieses Experiment voll und ganz zu bemeistern imstande sind. Es birgt eine große Quelle von Glück, Erkenntnis und Seelenfrieden in sich. Wer nur einmal einwandfrei und mit Erfolg diesen Zustand herbeizuführen vermochte, wird in allen Fällen seines Lebens sich desselben bedienen und ihn wertschätzen lernen. Freilich muß er vorsichtig sein und gelernt haben, die Spreu vom Korn zu unterscheiden, sonst kann ihm dieser Zustand manche Gefahr heraufbeschwören, besonders wenn er auf die Hauptbedingung zu achten vergißt, daß dieser Zustand nur dann herbeigeführt werden darf, wenn die Seele ruhig ist, wenn sie von keiner Leidenschaft durchflutet wird, wenn Harmonie und Friede vorherrschen. Wer den negativen Zustand einleiten will, um irgendeiner Sorge, einer quälenden Unklarheit oder eines Leides Herr zu werden, muß unbedingt vorerst in seinem Innern einen Zustand der erwartungsvollen, ergebenen, aufnahmefähigen Ruhe durch die in früheren Stufen angezeigten, mit dem rhythmischen Atmen in Verbindung stehenden Übungen herbeiführen. Ferner soll man nicht vergessen, den negativen Zustand niemals bei vollem Magen, also unmittelbar nach Mahlzeiten, einzuleiten. Durch das geheimnisvolle, infolge dieses Experimentes geöffnete Tor kann alles strömen, Gutes wie auch Böses, und es hängt nur von der körperlichen und seelischen Verfassung des Übenden ab, welche Gäste bei ihm einziehen werden und ob er zur Beute des Lügengeistes wird, oder ob es ihm vergönnt ist, aus der Quelle der Wahrheit Erleuchtung und höheren Frieden zu schlürfen.

Und noch eins! Vielleicht schon im Anfang, oft aber erst, wenn der Schüler den negativen Zustand voll und ganz beherrscht, wird sich während desselben ein leuchtendes, glänzendes Bild vor seinem inneren Schauen entwickeln, ein ruhiges, klares Auge oder ein glänzendes Angesicht. Da entsteht für den Schüler eine sehr schwere Aufgabe. Er darf ja nicht denken, er darf während des negativen Zustandes keine Eindrücke aufnehmen, da dies sofort eine Unterbrechung und ein Mißlingen des Experimentes zur Folge haben würde. Er darf nicht staunen, nicht Verwunderung oder Entzücken aufkommen lassen, er muß es unterlassen, das sich ihm darstellende Bild in seinem Bewußtsein zu registrieren. Es ist das derselbe Fall, wie wenn jemand mit offenen Augen diesen

Zustand herbeiführt; er sieht die Dinge, nimmt sie aber in sich nicht auf. In einer späteren Entwicklungsstufe soll ihm diese Erscheinung in dem Augenblick, wo sie die vollste Klarheit erreicht hat, bedeuten, daß er den negativen Zustand beenden kann, daß die inneren Kräfte das von den Gedanken ausgeleerte Gehirn, welches in diesem Zustande einem reinen, unbeschriebenen Blatt Papier gleicht, nunmehr mit ihrer geheimnisvollen Schrift präpariert haben und daß es Zeit ist, in den tagwachen Zustand überzugehen, damit jene Schrift sich in Gedankenwellen umsetzen könne.

Wer jene Erscheinung ist, werden nun die Schüler fragen? Darüber gebe ich keine Auskunft. Durch den negativen Zustand kann sich jeder Schüler diese Frage selbst beantworten.

Dem Geübten allerdings wird diese Erscheinung, besonders wenn er einmal weiß, mit wem er es zu tun hat, noch einen Nutzen bringen. So absurd es dem Laien klingen mag, so wahr ist es auch, daß der Geübte, stark Sensitive imstande ist, ohne auch nur den leisesten Gedanken zu haben, also bei vollster Ausleerung des Gehirns, dennoch die Bildung und Entwickelung eines Phänomens zu beobachten. Der negative Zustand löst eine Kraft in uns aus, die es dem Experimentierenden ermöglicht, geistige Eindrücke ohne Gedankenarbeit, also ohne Mithilfe des „stofflichen" Gehirns, aufzunehmen. Es arbeiten hier die inneren Prinzipien des Menschen, die im sogenannten „normalen" Zustande latent in uns liegen. Diese ermöglichen es, die sukzessive Bildung des Phänomens zu beobachten. Wenn sich nun durch dessen Hilfe das Auge ernst und drohend oder das Angesicht kalt und starr dem inneren Schauen zeigt, dann weiß der Experimentierende, daß jenes geheimnisvolle „Etwas" eine Mißbilligung ausdrücken will, eine Warnung, die sich meist auf die Ursache, wegen welcher das Experiment eingeleitet wurde, bezieht. Wenn ein ausgesprochen egoistisches Motiv das Experiment veranlaßte, dann kann der Schüler während des negativen Zustandes wohl mit seinem inneren Sehvermögen in ein sehr düster drohendes Auge blicken. Er mag dann wissen, daß es besser für ihn ist, in der betreffenden Angelegenheit keine geistige Lösung zu suchen und ihr den freien Lauf zu lassen. Die Warnung des Phänomens wird besonders dann eintreten, wenn es sich bei dem Experimente um einen Eingriff in karmische Verbindungen handelte.

Der negative Zustand wird auch zu verschiedenen anderen okkulten Experimenten verwendet, insbesondere läßt seine Vertiefung einen Zustand erreichen, in welchem der Experimentierende für eine gewisse Zeit so sehr in die geistigen Sphären aufgeht, daß er das Bewußtsein seiner Körperlichkeit verliert. Wir werden später noch darauf zurückkommen, bitten aber vorerst den Schüler, sich unermüdlich der vollsten Entwickelung des negativen Zustandes hinzugeben.

Die Vorübungen zur willkürlichen Tattwaveränderung werden nun abermals erweitert. Der Schüler muß sich jetzt mit dem Grundton seines Wesens vertraut machen.

Jeder Mensch hat andere Grundschwingungen, welche genau mit der Grundschwingung jenes Tierkreiszeichens in Harmonie stehen, welchem der Mensch zugehört. Diese Erkenntnis entspringt astrologischen Prinzipien. Der Mensch wird von jenem Tierkreiszeichen beeinflußt, das im Augenblick seiner Geburt am Osthorizont aufsteigt.

Nun hat aber jedes Tierkreiszeichen seinen bestimmten Ton, und zwar:

Widder ♈ .... = c
Stier ♉ .... = cis
Zwillinge ♊ .... = d
Krebs ♋ .... = dis
Löwe ♌ .... = e
Jungfrau ♍ .... = f
Waage ♎ .... = fis
Skorpion ♏ .... = g
Schütze ♐ .... = gis

Steinbock ♑ .... = a
Wassermann ♒ .... = ais
Fische ♓ .... = h

Der Grundton eines Menschen, der z. B. im Zeichen Stier ♉ geboren ist, wird demnach „cis" sein. Dieser Ton, weil seinem Wesen urverwandt, wird in ihm das Bestreben zur Erzielung des seelischen Gleichgewichtes hervorrufen; wenn er länger diesen Ton hört, wird er ruhig und harmonisch werden.

Es ist nun Aufgabe des Schülers, sich seinen Grundton zu suchen. Wer astrologisch gebildet ist, berechne sich sein Horoskop oder lasse es sich von einem einwandfreien, wissenschaftlich gebildeten Astrologen anfertigen, doch sei man vorsichtig, daß man nicht Scharlatanen in die Hände fällt. Es kommt hier auf den genauen sphärisch-trigonometrisch berechneten Punkt der Ekliptik an, der im Augenblick der Geburt den Osthorizont kreuzt. Jenes Zeichen, welchem dieser Punkt angehört, enthält den Grundton des Betreffenden.

Wer sich aber die Auslagen eines gut berechneten Horoskops nicht machen will, der kann seinen Grundton mit Hilfe eines Instrumentes feststellen. Am besten eignet sich dazu ein Harmonium oder ein Instrument, auf welchem sich mehrere Oktaven eines Tones durch längere Zeit ohne Unterbrechung festhalten lassen. Auch ein Piano ist dazu zu verwenden, doch wirkt das öftere Anschlagen des Tones etwas störend und den Erfolg verzögernd.

Der Schüler setze sich vor sein Instrument, konzentriere sich scharf darauf, daß es ihm gelingen werde, seinen Grundton zu erkennen, dann leite er den negativen Zustand ein. Nach Beendigung desselben gehe er in der mittleren Oktave auf seinem Instrument alle Töne von c bis h durch, bei jedem länger verweilend, und kontrolliere den Eindruck, den jeder Ton auf das Gemüt macht, sehr sorgfältig. Jenen Ton, bei welchem er fühlt, daß nicht nur große Sympathie vorherrscht, sondern auch ein Gefühl der Ruhe, des Gleichgewichts, der Zugehörigkeit entsteht, untersuche er nun durch folgendes Experiment genauer.

Er atme rhythmisch und bringe sich in eine sehr friedliche, empfängliche Stimmung. Dann schlage er den betreffenden Ton zuerst in allen Oktaven hintereinander an. Hierauf ziehe er den Atem ein, halte ihn durch längere Zeit in Kumbhaka fest, schlage sogleich den Ton in allen Oktaven „gleichzeitig" an und überlasse sich der Wirkung der Tonwellen so lange, bis er fühlt, daß er „eins" mit diesem Tone ist. Kann dieser Zustand mit dem betreffenden Ton nicht erreicht werden, so muß er das Experiment abermals beginnen und einen anderen Ton, der sympathisch erscheint, näher prüfen.

Dieses Experiment wird bei einem einmaligen Versuch selten zur Zufriedenheit gelingen, meist bedarf es oftmaliger Wiederholungen, so oft sich eben Gelegenheit dazu ergibt. Aber schließlich muß es dem Schüler gelingen, seinen Grundton endgültig festzustellen. Das Instrument muß auf Normalstimmung gestellt sein. Es ist zu beachten, daß dieses Experiment keinesfalls während des Akashatattwas vorgenommen werden darf.

Ist es ihm gelungen, so muß er trachten, sich mit diesem Ton so vertraut zu machen, daß er ihn zu jeder Zeit in allen Oktaven rein und klar in sich erzeugen kann, was vieler Übung und einer steten Kontrolle durch das Instrument bedarf.

Wenn der Schüler harmonische Gedankenschwingungen in Zukunft mit diesem Ton begleitet, d. h. wenn er dabei gleichzeitig in seinem Innern diesen Ton erzeugt, so werden die betreffenden Gedankenschwingungen an Kraft und Wirksamkeit großartig gewinnen. Er soll also sein ganzes Innenleben gewissermaßen auf diesen Ton einstellen.

Der betreffende Grundton wird dem Schüler in einer bestimmten Oktave am besten zusagen. Diese Oktave entspricht dann seinem Entwickelungsgrad. Den Ton dieser Oktave halte er auch fest beim Sprechen gewisser Sinnsprüche. Das brauchen durchaus keine indischen Mantrams zu sein. Der Schüler gewöhne sich an, öfter erhebende, dem geistigen Höherstieg oder der wahren Nächstenliebe dienende, in eine poetische Form gegossene Gedanken in der Tonlage des Grundtones zu sprechen. Das gibt Kraft der Überwindung und festigt den inneren Frieden.

Der Grundton des Schülers hat aber auch eine Rolle bei der willkürlichen Tattwaveränderung zu spielen, und zwar muß er ihn mit den Vorstellungen der Tattwaeigenschaften folgendermaßen verbinden lernen.

Bei Akashatattwa: Der Vorstellung der schwarzen, glänzenden Farbe, des bitteren Geschmackes, der ohrähnlichen Figur, der Wirbelbewegung und des alles durchdringenden Äthers hat sich die Vorstellung des nach allen Seiten sich ausbreitenden Raumes, die Erzeugung des Grundtones in der mittleren Oktave und das Aussprechen des Wortes „Ham" in der gleichen Tonlage, zu verbinden.

Bei Vayutattwa: Mit der Vorstellung der hellgrünen (auch blauen) Farbe, des sauren Geschmackes, der nullförmigen Figur, der Bewegung im spitzen Winkel, des luftigen Prinzips, ferner eines säuerlich scharfen Geruches ist die Erzeugung des Grundtones in einer sehr hohen Oktave und das Aussprechen des Wortes „Pam" in gleicher Tonlage, zu verbinden.

Bei Tejastattwa: Der Schüler verbinde mit der Vorstellung der roten Farbe, des scharfen hitzigen Geschmackes, des flammenden Dreiecks, der aufwärtsstrebenden Bewegung, des Feuers, der Hitze und des Lichtes, sowie der Ausdehnung und eines heiß beißenden Geruches, die Erzeugung des Grundtones in einer hohen Oktave (1 Oktave tiefer als bei Vayu) und das Aussprechen des Wortes „Ram" in der gleichen Tonlage.

Bei Prithvitattwa: Die Vorstellung der gelben Farbe, des süßen Geschmackes, der viereckigen Figur, der horizontalen Bewegung, des klumpigen erdigen Prinzipes, sowie der Kohäsion und schließlich eines süßen Geruches verbindet sich mit der Erzeugung des Grundtones in einer sehr tiefen Oktave und dem Aussprechen des Wortes „Lam" in der gleichen Tonlage.

Bei Apastattwa: Zu der Vorstellung der weißen Farbe des herben zusammenziehenden Geschmackes, des Halbmondes, der nach abwärts gerichteten Bewegung, des Wassers und der Kälte, sowie der Zusammenziehung als auch des zusammenziehenden Geruches muß sich die Erzeugung des Grundtones in einer tiefen Oktave (1 Oktave höher als bei Prithvi) sowie auch die Aussprache des Wortes „Vam" in gleicher Tonlage beigesellen.

Es wird dem Schüler aufgetragen, nunmehr diese Vorübungen zur Tattwaveränderung sehr ernst, mit Ausdauer und so oft als tunlich durchzuführen. Er hat demnächst ein größeres Experiment, das in der nächsten Stufe geschildert wird, sich anzueignen und kann dann wenn er imstande war, alle Bedingungen zu erfüllen, sein Tattwa beherrschen.

Die in Stufe 7 angegebene Übung, welche das Astralleibaussenden vorbereiten soll, kann auch vorzüglich zu tattwischen Zwecken als Vorbereitung dienen, und zwar insofern, als der Schüler nach durchgeführter Übung noch einige Zeit in seiner Stellung bleibt und starr in den blauen Himmel sieht, ohne zu zucken und zu zwinkern.

Er lasse seine Gedanken so viel als möglich ruhen und atme rhythmisch. Vor seinen Augen werden sich am Firmament nach und nach wogenartige Gebilde zeigen, die der Wasserdampf in der Atmosphäre verursacht. In einigen späteren Übungen jedoch werden sich ihm am Himmel allmählich die Farben der Tattwas zeigen. Und nun wird er auch Gelegenheit haben, den Lauf der Untertattwas verfolgen zu können. Jedes Tattwa schwingt normal durch 24 Minuten, der ganze Tattwalauf vollzieht sich also in 2 Stunden. Bleibt ein Tattwa länger als 24 Minuten im Körper vorherrschend, so bedeutet das eine Störung im Organismus. Bei starken Fiebern z. B. hält Tejastattwa dauernd an, oftmals Tage und Wochen lang. In normaler Folge hat jedes Tattwa die Unterströmung des ganzen Tattwalaufes. Wenn z. B. in einem bestimmten Augenblick Tejastattwa eintritt, so wird nicht ganz 5 Minuten lang Tejas mit Akashaunterströmung, die weiteren 4,8 Minuten Tejas mit Vayuunterströmung, später reines Tejas, die darauffolgenden 4,8 Minuten Tejas mit Prithviunterströmung und schließlich Tejas mit Apasunterströmung fließen. Es wird sich während dieser Zeit stets die rote Farbe zeigen, nur an der Umgrenzung oder im Kern ist verlaufend die Farbe der Unterströmung zu erblicken. Es ist hier nicht der Raum, um auf diese Verhältnisse näher einzugehen, doch ist es für den Schüler dringend wichtig, sich über die Tattwalehre durch das vom gleichen Verfasser bearbeitete Buch „Tattwische und Astrale Einflüsse", 4. Auflage, belehren zu lassen.

Die vorgenannte Übung zeitigt außerdem noch einen Erfolg. Wenn der Schüler in der Lage ist, sie oft anzuwenden, wird es sehr bald gelingen, sowohl an der Strahlung des Solar-Plexus seines eigenen Körpers sowie an anderen Menschen das in ihnen vorherrschende Tattwa zu erkennen.

„Gesegnet sei der Yogi", heißt es in der indischen Geheimphilosophie, „der imstande ist, durch die Knochen zu atmen!" Der Schüler soll das ungläubige Lächeln, das sich auf seinen Lippen bildet, unterdrücken und vertrauensvoll das nachstehende Experiment durchführen. Er wird nach einigen Wiederholungen dieser Übung anderen Sinnes werden.

Er lege sich auf das Sofa, stimme sich vollkommen ruhig und harmonisch und atme unausgesetzt rhythmisch. Dann entspanne er alle Muskeln. Und nun muß seine Willenskraft und seine bereits gut ausgebildete Imagination in Tätigkeit gesetzt werden. Während des ruhigen, rhythmischen Atmens ziehe er das Prana durch die Füße in die Knochen und stoße die verbrauchten Stoffe wieder aus. Seine Imagination muß ihm das geistige Bild der Tätigkeit der Haut vor Augen führen bzw. erkennen lassen. Sein geistiges Empfinden muß ihm das Prana der Luft von der Haut wie von einem Schwamm aufsaugen und es durch die Füße in die Knochen einströmen lassen. Er muß die geistige Vorstellung erwecken, wie das Prana diese Körperteile vollständig durchsetzt, Blut- und Säftestockungen aufhebt und alle verbrauchten Teile durch die Poren nach außen entfernt. Auf die gleiche Weise atme er durch die Beine, den Unterleib, den Magen, schließlich durch die Brust, die Arme und durch den Scheitel. Dann lasse er gleicherart den pranischen Atem beim Solar-Plexus eintreten, ziehe ihn durch einen Willensakt in die Wirbelsäule und lasse ihn in derselben hinauf- und herunterströmen. Wenn der Schüler diese Übung gut ausführt, so wird er sich wie neugeboren fühlen, sein ganzer Organismus wird mit belebender Kraft durchströmt sein.

Eine weitere sehr wichtige Übung ist folgende:
Der Schüler nehme zum Zwecke der Durchführung eines Pranayams die Padmasanastellung ein. Wem das nicht möglich ist, der wähle die gewöhnliche orientalische Stellung. Er atme voll und tief ein, mit der kräftigen Vorstellung, viel Prana eingesogen zu haben. Während des Kumbhakas nun muß er die geistige Vorstellung entwickeln, wie sich das eingeatmete Prana im Solar-Plexus sammelt. Dann drückt er Prana in die Wirbelsäule, was durch ein leichtes Zusammenziehen der Kehle und durch eine starke Willenskraft bewerkstelligt wird. Er zieht sodann ein wenig den After zusammen und läßt Prana die Wirbelsäule aufwärts strömen. Durch eine leichte Ausdehnung des Afters steigt Prana wieder die Wirbelsäule abwärts. Das wird fortwährend bei Kumbhaka siebenmal wiederholt, und dann erst kann Rechaka eingeleitet werden. Das ganze Experiment, welches als Vorübung für ein größeres, sehr wichtiges gilt, wird ebenfalls siebenmal wiederholt. Der Schüler wird jedoch dringend gewarnt, sich ganz aufrecht zu halten, damit die Wirbelsäule nicht gekrümmt ist, sonst könnte er sich psychisch und physisch schädigen. Er

mache dieses Experiment wöchentlich mindestens zweimal, doch stets nur in vollster Harmonie und Seelenruhe.

Nochmals zurückkommend auf die in Stufe 7 angegebene Vorübung zum Aussenden des Astralkörpers, soll dieselbe jetzt eine Erweiterung erfahren. Während des unverwandten Schauens in den Himmel setze der Schüler mit einer scharfen Konzentration ein, daß es ihm gelinge, seinen Astralkörper zu lösen und mit Rückerinnerung auszusenden. Die Muskeln müssen in der bekannten Weise vollständig abgespannt sein. Nach der Konzentration gehe er in den negativen Zustand über und halte ihn so lange als möglich an. Dann hole er Atem, konzentriere neuerdings und leite abermals den negativen Zustand ein. Der Schüler mag diese Übung nach Belieben ausdehnen, soll sie keinesfalls aber mehr als siebenmal hintereinander durchführen. Wer wenig ins Freie kommt, mag sich ein Ruhebett zum geöffneten Fenster schieben und auf diesem die Übung ausführen, doch muß er Vorsorge treffen, daß er nicht stürzen kann, wenn durch das Lösen des Astralkörpers eine gewisse Bewußtlosigkeit eintreten sollte. Auch muß er darauf achten, von keinem Menschen beobachtet zu werden.

Die Übungen der Stufe 6, soweit sie nicht abgeändert wurden, werden nunmehr seltener durchgeführt, keinesfalls aber ganz ausgelassen. Die nicht erweiterten Übungen der Stufe 7 bleiben vorläufig noch bestehen und der Schüler soll keine Vernachlässigung derselben eintreten lassen.

Die Erfolgübung soll jedesmal mit dem rhythmischen Atmen durchgeführt werden.

9. Stufe

Dieser Abschnitt führt den Schüler an die Schwelle, die zu

überschreiten nicht jedem gegeben ist, es sei denn Zeit für ihn.

Der Apfel fällt vom Baume, wenn er reif geworden ist. Das Tor öffnet sich nur dem, der es verstanden hat, sich des Schlüssels zu bemächtigen. Und der Schlüssel ist die geschulte Willenskraft, die Fähigkeit einer scharfen Konzentration und die sichere Beherrschung der Gedankenwelt. Das biblische Wort: „Niemand kommt zum Vater, denn durch mich," könnte man auch in dieser Beziehung anwenden. Der Mittler, der zum Vater führt, ist die entsprechende Entwicklung der Gedanken- und Willenskräfte, ohne die es keinem Menschen möglich ist, weiter vorzudringen, also zum Vater – zur höchsten Entfaltung seiner Kräfte und damit zur höchsten Erkenntnis – zu gelangen.

Und selbst diejenigen Schüler, denen es gelungen ist, an der Hand der bisherigen Anweisungen den nötigen Entwicklungsstand zu erreichen, bedürfen noch großer Kraftanstrengungen, um sich den Weg frei zu machen, denn der Besitz des Schlüssels hat das Tor noch nicht geöffnet – sie müssen das Schloß finden und dürfen die Mühe und Anstrengung nicht scheuen, den Schlüssel handhaben zu lernen, denn er ist von ganz besonderer Art und von kompliziertester Konstruktion.

Haben sie es aber zustande gebracht, sich das Land der „wahren" Freiheit zu öffnen, dann mögen sie darauf bedacht sein, es in der würdigen Verfassung zu betreten.

Hier kann nur der ungestraft eintreten, dessen Kleid blütenweiß ist, der sich von allen Banden frei gemacht hat, die an das Irdische fesseln, der alle Leidenschaften erstickt hat, alle Unrast und alle Friedlosigkeit. Er muß der unbedingte Herr geworden sein über seinen Körper und dessen Sinne, sowie über sein Gemüt: „Er muß rein geworden sein an Körper und Seele."

In vollster Herzens- und Gedankenreinheit, in irdischer Bedürfnislosigkeit, in Liebe und opferfreudiger Barmherzigkeit zu allen Geschöpfen, in Selbstlosigkeit und Freiheit von allem Egoismus muß er die Schwelle überschreiten. Auf seiner Stirne muß die Liebe thronen, aus seinen Augen der wahre Friede strahlen und in seinem Herzen die Tugend wohnen. Wenn auch, da er ja auf der Erde wandelt, die Füße auf derselben stehen, so muß sein Haupt doch in den Himmel ragen.

So ausgerüstet vermag er würdig einzutreten in das Unbekannte, wo die Schauer der Ewigkeit wehen, wo er der Wahrheit ins Antlitz sehen darf.

Wer von allen Schülern soweit ist, der mag getrost die Übungen dieser und der nächsten Stufe in Angriff nehmen – ihm wird kein Schaden werden. Wer aber über das „Menschliche" in sich noch nicht hinübergekommen ist, der versuche nicht, an dem für ihn noch verschlossenen Tore zu rütteln – er würde sich körperlich und geistig schwere Wunden zufügen. Der vertiefe das bisher Errungene und warte, bis seine ethische Entwicklung die geforderte Stufe erreicht hat, sei es nun in diesem oder in einem späteren Leben. Kraftvoll halte er das Errungene fest und sei für die übrige Zeit seines Lebens emsig darauf bedacht, seinen inneren Menschen zu fördern. Was er bisher erreicht hat, geht ihm nicht verloren. In einem späteren Dasein bildet es die Basis für eine günstigere und schnellere Entwicklungsmöglichkeit.

Wer hoch steigt, kann tief fallen!

Das soll jeder meiner Schüler beherzigen! Der Inhalt dieses und des letzten Briefes ist daher zum größeren Teile nur für jene zur praktischen Anwendung bestimmt, die sich nach ehrlicher Prüfung zu sagen vermögen, daß ein Fall für sie ausgeschlossen ist. Die anderen Schüler aber sollen es – mit Ausnahme der Übungen in der Telepathie, der Psychometrie, des Hellsehens und Hellhörens, sowie des Magnetisierens, welche sie ungescheut weiter anwenden können – nur bei der Lektüre bewenden lassen.

Nach dieser aufrichtigen Warnung, um deren Beherzigung innigst gebeten wird, sei nun im nachstehenden der weitere

Lehrgang angeführt.

In Stufe 6 wurde dem Schüler gezeigt, wie er den Atemstrom auf mechanische Art zu regeln vermag.

Die Überleitung des Atems von der einen auf die andere Seite ist nur für den Anfänger durch Rippenpressung nötig. Der Vorgeschrittene vermag dasselbe Resultat durch folgende Übung zu erreichen. Wer z. B. Chandra-Atem (also links) hat und will den Atem nach rechts (Surya-Atem) überleiten, der schließe das rechte Nasenloch mit dem Finger zu, atme durch das linke Nasenloch tief ein, drücke den Atem in den Plexus und halte ihn dort mit dem konzentrierten Willen fest, daß der Atem nach rechts strömen soll. Sodann wird der Atem vom Plexus aus in die rechte Leibgegend gepreßt, indem man durch einen leichten Druck die rechte Lunge etwas aufbläht. Dieses Hinüberpressen soll nur kurze Zeit dauern. Man hat dabei die Konzentration, daß der ganze rechte Lungenflügel und nach und nach die ganze rechte Seite vom Sonnenprana erfüllt ist. Dann ziehe man den Atem den rechten Lungenflügel fühlbar herauf, durch die rechte Halsseite, und atme bei geschlossenem linken Nasenflügel durch den rechten langsam aus, mit dem festen Willen, daß nunmehr der Atem rechts strömt. Für eine Reihe von weiteren Atemzügen – etwa sieben oder zwölf – bleibt das linke Nasenloch mit dem Daumen verschlossen, und es wird dabei immer rechts eingeatmet und jedesmal der Atem auf die beschriebene Art und mit der entsprechenden Konzentration über den Solar-Plexus nach rechts gepreßt. Dann erst kann man wieder frei atmen, um zu konstatieren, ob das Experiment den gewünschten Erfolg hat.

Das wird natürlich bei der ersten Anwendung schwerlich der Fall sein. Aber man lasse sich keinesfalls entmutigen und wiederhole es sofort, unter Umständen oft sogar vier- bis fünfmal. Und wenn der volle Erfolg tagelang ausbleiben sollte – der fleißig Übende erreicht ihn sicher, und mit der Zeit wird es sogar nur eines einzigen Atemzuges und Druckes auf die entgegengesetzte Seite bedürfen, um sofort die gewünschte Atemströmung herbeizuführen.

Bei dem Experiment kann sich der Schüler auch damit helfen, daß er beim Wechsel zum Surya-Atem in seiner entwickelten Imaginationsfähigkeit sich von Wärme durchströmt fühlt und sich geistig mit dem Feuer und der Sonne verbindet. Beim Wechsel zum Chandra-Atem entwickle er durch seine Imagination das Gefühl der Kälte und des Wassers und verbinde sich geistig mit dem Mond.

Diese Übung führe man in der ersten Zeit in einer der Yogistellungen durch, später aber auch im Liegen, Sitzen oder Stehen, keinesfalls aber beim Gehen oder einer sonstigen Bewegung. Ferner ist darauf zu achten, daß der Übende nicht beobachtet wird, daß er in voller Ruhe und Harmonie ist, und daß sich sein Magen nicht im ersten Verdauungszustand befindet.

Unbedingt verboten ist, durch „solche" Übungen Sushumna herbeiführen zu wollen. Wenn es für ganz kurze Zeit beim Übergang von selbst eintritt, so warte man ruhig den Wechsel ab. Die Verbindung zur Sonne bzw. zum Mond wird dadurch erleichtert, daß man sich schon vor Beginn des Experimentes dazu präpariert, indem man geistig auf die Sonnen- bzw. Mondübungen Bezug nimmt und sich willenskräftig vorstellt, daß der Plexus durch ein fluidales Band mit dem Mond oder der Sonne verbunden ist und für die ganze Dauer der Übung auch bleibt.

Die willkürliche Tattwaveränderung bedarf nur mehr noch einer vorbereitenden Übung.

Durch einige Wochen hindurch mache man vorerst die Umleitung auf folgende Art. In liegender Stellung und zu einer Zeit, wo man vor jeder Störung sicher ist und in einem abgesonderten Raum leite man diese Übung mit dem rhythmischen Atmen ein, das einige Minuten währen soll. Dann führt man ein Pranayam durch. Beim Einziehen der Luft

(Puraka) wird man auf die Natur des zu erreichenden Tattwas Rücksicht nehmen. In Stufe 7 wurde auf die Verbindung der Tattwas mit dem rechtsseitigen oder linksseitigen Atem aufmerksam gemacht. So ist bei Chandra nur das Apastattwa besonders günstig und allenfalls Prithvi, dagegen bei Surya das Tejas- und Prithvitattwa. Vayu ist nicht in allen Fällen bei Surya günstig. Eine bessere Übersicht der Zusammengehörigkeit beider Akasha-Modifikationen erhalten wir durch Beachtung der Natur sowohl der Tattwas als auch der beiden Atemströmungen. Apas und Vayu sind die beiden kühlen Tattwas und Tejas und Prithvi die warmen. Da nun der Mondatem (Chandra) ebenfalls kühler Natur ist, so eignet ihm eigentlich Vayu und Apas. Der Sonnenatem (Surya) ist warmer Natur, daher sind ihm Tejas und Prithvi zugehörig. Da es sich hier weniger um die günstige Wirkung eines Tattwas während eines bestimmten Atemstromes handelt, sondern um die Erzeugung eines Tattwas, so muß man sich an die Natur desselben halten.

Man wird also vor dem Einziehen des Atemstromes je nach der Natur des gewünschten Tattwas Chandra oder Surya einleiten. Ist das geschehen, so wird für das nun folgende Pranayam der Atem durch das entsprechende Nasenloch eingezogen, das dem Tattwa entspricht, also wenn Prithvi oder Tejas gewünscht wird, durch das rechte und bei Vayu oder Apas durch das linke Nasenloch.

Schon während des Einziehens des Atemstromes muß man sich das im Atem enthaltene Prana tattwisch durchstrahlt denken. Die lebhafte Imagination muß uns alle tattwischen Eigenschaften empfinden lassen und fühlbar machen. Dabei muß das, das betreffende Tattwa beherrschende Symbol in der entsprechenden Tonhöhe intensiv, sozusagen laut gedacht werden. Wenn Kumbhaka einsetzt, so muß man den so gefärbten Pranastrom einige Male den ganzen Körper hindurchlaufen lassen, um ihn schließlich durch einen starken Willensakt die Wirbelsäule entlang bis hinauf in die Zirbeldrüse zu bringen. Immer jedoch muß die Empfindung der Tattwaeigenschaften festgehalten werden. Desgleichen auch beim Ausatmen (Rechaka), das durch dasselbe Nasenloch, mit welchem eingeatmet wurde, zu geschehen hat. Man setzt bei Rechaka mit der starken Konzentration ein, daß man nun wirklich in dem gewünschten Tattwa schwingt. Wenn der ganze Vorgang siebenmal wiederholt wurde, bleibt man noch etwas ruhen und atmet rhythmisch. Dann kann man den Erfolg mittelst Perlen, geistigem Schauen oder Betrachtung des Solar-Plexus prüfen.

An einem Beispiel soll der ganze Vorgang klar gelegt werden.

Man will z. B. das Tejastattwa erzeugen. Wenn man sich äußerlich wie innerlich zur Ruhe gebracht hat, atme man einige Minuten rhythmisch. Dann leitet man, wenn man augenblicklich Chandraatem hat, auf die an anderer Stelle beschriebene Weise den Suryaatem (also rechts) ein. Ist der volle Erfolg konstatiert, so wird mit dem Pranayam begonnen. Man zieht den Atem langsam rechts ein. Damit hat sich die intensive Vorstellung und Empfindung der roten Farbe, des scharfen, hitzigen Geschmackes, des flammenden Dreiecks (innerhalb welches man sich hineindenkt), der aufwärtsstrebenden Bewegung, des Feuers, der Hitze und des Lichtes, der Ausdehnung, eines heißbeißenden Geruches zu verbinden, sowie die Erzeugung des Grundtones in einer hohen Oktave und das gedankliche oftmalige Aussprechen des Wortes „Ram" in der gleichen Tonlage. Nicht nur an sich selbst, sondern sogar an dem eingesogenen Luftstrom muß der Übende sich bestreben, die Eigenschaften des Tejastattwa zu erkennen.

Nun macht er Kumbhaka, indem er den so gefärbten Pranastrom einige Male durch den Körper ziehen läßt, um ihn schließlich mit großer Kraft die Wirbelsäule entlang, hinauf in die Zirbeldrüse zu ziehen, welche stark mit den Eigenschaften des Tejas gesättigt werden muß. Auch jetzt muß unaufhörlich die Silbe „Ram" in der betreffenden Tonlage „laut" gedacht werden.

Hierauf geschieht das Ausatmen (Rechaka) durch das rechte Nasenloch mit dem festen Willen, daß sich die Umänderung in das Tejastattwa bereits vollzogen habe. Doch auch während dieser Konzentration darf man keineswegs die oben erwähnten Vorstellungen der Tattwaeigenschaften fallen lassen, noch vernachlässigen.

Dieser Prozeß wird siebenmal hintereinander ohne Unterbrechung durchgeführt. Nach einigen Minuten der Ruhe, die man mit dem rhythmischen Atmen zugebracht hat, kann man mit den Perlen und mit dem, durch die Übungen des Strahlensehens entwickelten geistigen Schauen auf den Solar-Plexus, den Erfolg prüfen, ebenso dadurch, daß man die Augen schließt und mit den Händen bedeckt.

Es ist selbstverständlich, daß auch dieses Experiment nicht sofort ein zufriedenstellendes Ergebnis aufweisen wird. Geduld und Ausdauer ist auch hier Bedingung. Es wird nach mehr oder minder öfteren Wiederholungen gelingen – man muß nur davon überzeugt sein! Der Zweifel beeinträchtigt bei allen solchen Übungen, dagegen ist die feste Zuversicht das halbe Gelingen.

Diese Übung ist die Grundlage für das letzte, entscheidende Experiment, das in der 10. Stufe angegeben wird und die Tattwabeeinflussung ohne größere Umständlichkeiten lehrt.

Der Schüler sei gewarnt, daß er vorläufig nicht das Akashatattwa herbeizuführen sich verleiten lasse! Er würde sich sonst sehr schädigen.

Nunmehr muß sich der Schüler die Entwicklung einer reineren „Meditation" angelegen sein lassen.

Der reine Schüler braucht diese Meditation nicht nur zur Erhaltung seines fleckenlosen Kleides, das stets in Gefahr steht, von der Hochflut niederer Influenzen angegriffen zu werden, sondern sie dient ihm auch zur Erhebung und zeitweisen Befreiung seines inneren Selbst, zur Erstarkung seiner

Tugenden und als Weg zur höchstmöglichsten Erkenntnis.

Die Meditation bezweckt, unser Inneres dem höchsten Prinzip zu öffnen – sie ist eine Schulung der Seele, gleichwie der vernünftige Mensch seinen Körper trainiert und durch spezielle Übungen zur besseren Gesundheit und Wirksamkeit zu bringen weiß.

Um zu einer erfolgreichen Meditation zu gelangen, ist vor allem nötig, daß man sich zum absoluten Herrn seiner Sinne macht. Die Übungen der vorangegangenen Stufen erzielten in der Mehrzahl die Erreichung dieses Zweckes. Die Entwicklung der Willenskraft hat sowohl eine Steigerung der Sinnestätigkeit zur Folge, als sie auch die Herrschaft verleiht, die Sinne einzeln oder alle zusammen auszuschalten. Schon bei den Übungen für den negativen Zustand hat sich der Schüler die Grundlage geschaffen, seine Sinne nach seinem Belieben zu benützen.

Er muß nun weiter lernen, die Augen offen zu halten und doch nicht sehen, die Ohren unverschlossen zu haben und doch nicht hören zu wollen. Er muß den Zustand einer gewissen Apathie erlernen, in welchem es keine Außenwelt für ihn gibt. Der Schüler soll so oft wie möglich sich zu diesem Zwecke in sein Zimmer zurückziehen und sich so zur Ruhe stimmen, daß seine Sinne beginnen einzuschlafen. Er übe sich, mit offenen Augen in ein Nichts zu sehen und keine Töne von außen zu registrieren. Es ist angezeigt, sich bei solchen Übungen in einer der mehrfach beschriebenen Yogistellungen zu befinden. Der Atem sei rhythmisch und auf das geringste Maß heruntergestimmt.

Daneben übe sich der Schüler unausgesetzt im Kumbhaka (Atemanhalten). Er muß es nach und nach zu einer großen Fertigkeit bringen.

Wenn er nun seiner Sinne ziemlich Herr geworden ist und das Kumbhaka bereits durch mehrere Minuten mühelos anzuhalten imstande ist, so kann er zur folgenden Übung schreiten.

Er bringe sich in eine der Yogi-Stellungen und vollführe das Pranayam mit der Willenskonzentration, daß ihm diese Übung gut gelingen möge. Dann ziehe er wieder Kumbhaka ein und halte es so lange wie nur möglich. Während dieses Prozesses konzentriere er sich darauf, daß seine Sinne für die Außenwelt abgeschlossen sein mögen. Dann überlasse er sich wieder dem ganz leichten rhythmischen Atmen, und zwar so, daß alle seine Gedanken nur diesem Atmen zugerichtet sind. Er darf an nichts anderes denken, sondern nur über den rhythmischen Lauf des Atemstromes. Dabei muß sich langsam in ihm alles abtönen, er darf nichts sehen und nichts hören, nichts empfinden. Dieser Zustand muß so lange wie möglich angehalten werden, und es hat sich der Schüler sehr davor zu hüten, daß seine Gedanken von dem Atemprozeß abirren.

Wenn mit dieser Übung genügend Erfolge erreicht wurden, so kann man dieselbe vertiefen und immer mehr ihrem eigentlichen Zweck zuführen.

Man nehme die Abendstunden oder die Nacht zu Hilfe und lerne den Schlaf zu bekämpfen. Auch die Entziehung des Schlafes will geübt sein, denn wie man ohne Schädigung des Körpers die leibliche Nahrung auf ein Geringes herabzusetzen imstande ist durch Einnahme von Prana, so kann man auch den Schlaf bekämpfen, indem man durch entsprechende Pranayams auf die Regulierung einwirkt. Eine durch Meditationen gestörte Nacht wird sich übrigens dem Körper eher als Stärkung, denn als Schwächung erweisen, besonders wenn man vor dieser Übung und nach derselben sein Nervensystem durch das Pranayam auffrischt.

In ein oder zwei Nächten in der Woche soll also der Schüler, nachdem er vorher ein Pranayam mit dem konzentrierten Willen zur Stärkung seiner Nerven geübt hat, das oben geschilderte Experiment durchführen, nur mit dem Unterschied, daß er während des rhythmischen Atmens, also nach dem Kumbhaka, nicht mehr auf den Atem konzentriert, sondern sich in fortgesetzter körperlicher Empfindungslosigkeit ernsten Betrachtungen hingibt. Er muß den Geist beherrschen lernen und das Gewoge des Denkens mit eiserner Hand regulieren. Er mag sich irgendein ernstes Thema wählen, z. B. über den Daseinszweck, über irgendeine Tugend, über seinen feinstofflichen Menschen, usw. Er sehe aber, daß ihn seine Betrachtungen stets zu dem einen hohen Ziele führen, in das alles einmündet, zu dem absolut Reinen, Ewigen, welchem wir im innersten Wesen zugehören. Dort angelangt, fange er sofort und ohne jede Unterbrechung beim Ausgangspunkt seiner Meditation wieder an. Nunmehr versuche er eine noch größere Vertiefung und gehe bei seiner Meditation in langer ununterbrochener Betrachtung seines Themas von der Wirkung aus, um die Ursache zu ergründen und halte sich mit äußerster Willenskraft von jeder Abirrung fern.

Diese Übungen sind eine große Kraftquelle. Sie führen uns zur Erleuchtung und zu Erkenntnissen, die dem gewöhnlichen Denken nicht zugänglich sind. Die Hauptsache bei diesen Übungen ist aber, die Sinne im wachen Zustande so abzuschließen, das sie untätig sind und keine Störung hervorrufen.

Die oftmalige Übung dieses Experimentes wird nach und nach einen eigentümlichen körperlichen Zustand erzeugen, der einer leichten Bewegungslosigkeit entspricht. Die körperlichen Funktionen werden dadurch während der Übung auf ein Geringes herabgestimmt.

Bei späteren Wiederholungen kann man auch, wenn man die Meditation eingestellt hat, sofort den negativen Zustand herbeiführen, um denselben so lange als möglich festzuhalten. Nach Beendigung desselben achte man auf die Eingebungen, von welchen man dann überflutet wird, indem man noch einige Zeit in seiner Stellung verharrt und die Sinne abgeschlossen hält. Hierauf erst mache man das kräftigende Pranayam und begebe sich zur Ruhe.

Ab und zu kann man auch bei dieser Übung sein Gemüt

auf Dinge und Gegenstände richten, ganz gleich, ob sie weit entfernt oder nahebei sind, ferner auch auf einen Menschen, eine Nation, ein bestimmtes Geschick, auf eine Pflanze usw. Nur muß man suchen, jedesmal mit seinem Bewußtsein sich vollständig mit dem betreffenden Objekt zu verschmelzen. Dann wird sich auch der innere Wesenskern aller Dinge für den Übenden öffnen.

Für die äußere Ausbildung ist nun nicht mehr viel zu sagen.

Der Schüler hat seinen Blick jetzt bereits voll entwickelt, er hat sich das odische Schauen angewöhnt, das den Blick machtvoll und erhaben gestaltet. Er hat in dieser Beziehung nur noch die eine Aufgabe zu erfüllen, ihn immer mehr und mehr zu vertiefen.

Ein solcher Blick ist jetzt auch geeignet, andere Menschen im günstigsten Sinne zu beeinflussen. Es wird dem Schüler nunmehr nach einigen Versuchen leicht gelingen, seinen Blick in die Seele anderer Menschen dringen zu lassen und dieselbe durch die odische entwickelte Strahlung zu beeinflussen. In ganz anderem Maße als wie bei unentwickelten Sterblichen wird seinem Auge eine odische Garbe entspringen, die machtvoll wirkt infolge der guten psychischen Qualitäten, mit denen das Od seines Auges geladen ist.

Noch einige Vorschriften mag der Schüler von jetzt ab sehr beachten.

Bevor er sich zur Ruhe begibt, schließe er sich jedesmal mit dem odischen Schutzmantel ab! Diese Vorsichtsmaßregel ist dringend geboten, weil der Schüler sich jetzt besonders geöffnet hat, schon durch den negativen Zustand. Es kann dem Diebe nicht schwer fallen, bei geöffnetem Fenster nachts einzusteigen und den wehrlosen Schläfer zu überraschen. In gleicher Weise kann es niederen Influenzen gelingen, sich des durch die im Schlafe wegfallende Kontrolle des Wachbewußtseins wehrlosen und infolge der Übungen geöffneten Körpers des Schülers zu bemächtigen. Hat er aber den Mantel um sich geschlossen, so ist er in guter Obhut, und alle derartigen Versuche bleiben wirkungslos.

Der Schüler suche sein Gemüt stets heiter und fröhlich zu erhalten. Darum wird ihm angeraten, viel zu singen, er mag nun eine gute oder schlechte Stimme haben. Ein ernstes erhebendes Lied hilft über jede Verstimmung hinweg.

Wenn er mit offenem Munde singt, so wird er außerdem eine günstige Nebenwirkung erfahren, da Singen mit offenem Mund sehr nervenstärkend wirkt.

Singt er mit aufeinander liegenden Zähnen, was mehr einem musikalischen Summen entspricht, so beeinflußt er dadurch in günstiger Weise sein Selbstbewußtsein und seine Überwindungskraft. Auch das Bewußtsein im allgemeinen wird dadurch sehr gestärkt.

Wenn er aber nur im Geiste singt, so kann er auch dadurch eine wertvolle Nebenwirkung erfahren, indem sich durch solches Singen das Gedächtnis stärkt und kräftigt.

Auch ist gute Musik anzuhören für den Schüler sehr empfehlenswert. Die Harmonie der Töne übt auf das Gemüt eine große, beruhigende Macht aus. Selbstverständlich ist hier nicht die seichte Operetten- und Possenmusik gemeint. Von solchen musikalischen Darbietungen halte sich der Schüler unbedingt fern.

Ferner soll sich der Schüler des Theaterbesuches enthalten, mit Ausnahme einer guten Oper. Dann aber, wie überhaupt, wenn er sich in einer größeren Menschenansammlung befindet, mache er stets den Schutzmantel um sich. Er darf sich absolut nicht mehr mit Influenzen vermischen, die unter seiner Entwicklungsstufe stehen. Vom Schauspielhaus soll sich der Schüler hauptsächlich aus dem Grunde fernhalten, weil dort die Wogen der menschlichen Leidenschaften täglich neu von den Darstellern belebt und durch die innige Anteilnahme des Publikums zu elementarster Kraft entwickelt werden. Und der Reine soll seinen Fuß nicht ohne zwingenden Grund in das Niedrige setzen.

Zum Zwecke der Entwicklung der intellektuellen Fähigkeiten wird dem Schüler angeraten, so oft als sich ihm Gelegenheit bietet, ein Pranayam durchzuführen, womöglich in der Padmasana- oder der Siddhasana-Stellung (bei Undurchführbarkeit dieser beiden Stellungen kann auch die gewöhnliche orientalische Stellung eingenommen werden). Die Pupillen sollen aber so nach aufwärts gerichtet sein, daß sie in ihrer Verlängerungslinie ungefähr die Stirnmitte treffen. Die Konzentration in allen drei Phasen des Atems gilt der kräftigen Entwicklung des Intellekts. Dieses Pranayam wird stets siebenmal gemacht. Auch bei allen Übungen, die anderen Zwecken dienen, aber des Blickes zur Stirnmitte bedürfen, wird als Nebenwirkung stets eine Kräftigung des Intellekts eintreten.

Um sich seelischer und spiritueller zu machen, ist angezeigt, ebenfalls so oft wie möglich ein Pranayam zu üben in einer der drei Yogistellungen. Nur hat man dabei die Pupillen nach abwärts zu richten, so daß sie in ihrer Verlängerung die Nasenspitze treffen. Auch hier muß bei allen drei Phasen des Atems eine kräftige Konzentration einsetzen, die sich auf die Entwicklung seelischer und spirituller Eignung und Fähigkeiten bezieht. Die siebenmalige Wiederholung der drei Atemprozesse beendet das Experiment. Es werden alle Übungen zu anderen Zwecken, sobald sie den Blick auf die Nasenspitze bedingen, auch als Nebenwirkung die seelische und spirituelle Entwicklung fördern.

Es liegt tief im Innern des Kopfes auf der Basis des Gehirns eine kleine sonderbare Struktur mit ihren Nebenkörpern, die aber, obwohl die moderne Physiologie ihr keine Funktion zuschreibt und nichts mit ihr anzufangen weiß, dennoch eine sehr wichtige Aufgabe zu erfüllen hat. Sie ist sozusagen das „dritte" Auge, dessen Tätigkeit dem Stege einer Violine entspricht. Sie spannt die Nervensaiten stärker und kräftigt damit die Schwingungen der Gehirngewebe. Zur vollen Entwicklung der okkulten Kräfte ist es unbedingt nötig, sie in Tätigkeit zu versetzen, denn diese Drüse schlummert bei den Durchschnittsmenschen – sie ist durch den Nichtgebrauch atrophiert.

Vollständig latent ist sie ja bei dem Schüler schon längst nicht mehr. Die bisherigen Übungen haben sie bereits teilweise erweckt. Um sie aber zur vollsten Wirkung zu bringen und erst dadurch zur größten Entfaltung der okkulten Kräfte zu gelangen, bedarf es noch einiger zweckentsprechender Übungen.

Die Zirbeldrüse steht in einem engen Kontakt mit verschiedenen Gehirnpartien, so z. B. mit den Funktionen jenes Gehirnteiles, der an der Stirnmitte liegt, ferner mit den Funktionen des Kleingehirns. Außerdem ist sie sehr eng verbunden mit dem Rückenmark und jenen Nervenpartien, die an der Nasenwurzel liegen. Natürlich besteht eine allgemeine Verbindung der Zirbeldrüse mit dem ganzen Nervensystem.

Diese Zirbeldrüse kräftig zur Wirksamkeit zu entwickeln, mag der Schüler zwei Wege einschlagen. Er benützt sowohl die in diesem Abschnitte angezeigte Meditation als auch ein pranisches Experiment. Die Meditation hat als Thema die Zirbeldrüse selbst, ihr Zweck, ihre Lage und ihre Entwicklung. Sie ist der Brennpunkt der okkulten Kräfteentwicklung. In ihrem Äußern unterscheidet sie sich bei sehr jungen sowie sehr alten oder idiotischen Leuten von jenen, die sich in mittleren Jahren und in der Blüte ihrer Gesundheit befinden. Descartes nannte sie „den Sitz der Seele". Und wirklich, ihre in den Brennpunkt eingestellte Lage und ihre symmetrischen Beziehungen zu den sie umgebenden Strukturen weisen ihr eine höchst wichtige Aufgabe zu. Indische Meister nannten die Zirbeldrüse das „Auge Shivas" (der Erneuerer, Erzeuger, also nicht nur Zerstörer, die dritte Person in der Hindu-Dreieinigkeit). Man meditiere also in der angegebenen Weise auf dieses geheimnisvolle Organ und lasse die Meditation in dem kräftigen, konzentrierten Willen gipfeln, es zur Wirksamkeit und größten Entfaltung zu bringen. Man soll nicht vergessen, daß ein wirklicher Meister diese Zirbeldrüse vollkommen tätig in sich hat, wodurch die Schwingungen seines Gehirns mit der Synthese des Tones und Lichtes korrespondieren – Raum und Zeit werden von ihm als das empfunden, was sie sind, denn er lebt nurmehr in dem „Einen".

Das pranische Experiment ist ein Pranayam in einer Yogistellung, aber mit unbedingt aufrecht gehaltener Wirbelsäule. Während des Kumbhaka hat der Übende das Prana die Wirbelsäule entlang bis zur Zirbeldrüse zu ziehen und dieselbe in sehr plastischer Vorstellung mit dem Pranastrom durchsetzen zu lassen. Auch hier wird der Atemprozeß (Puraka, Kumbhaka und Rechaka) siebenmal wiederholt.

Beide Übungen sind am besten abends oder zur nächtlichen Stunde zu machen und so oft wie möglich, mindestens dreimal wöchentlich.

Der Schüler hat nun nach und nach einen großen Teil seiner psychischen Kräfte entwickelt. Er soll sich klar machen, daß dies nicht nur allein zu dem Selbstzweck seines Höherwachsens geschehen ist, sondern daß diese Kräfte auch zum Wohle anderer Menschen verwendet werden müssen.

Durch die okkulten Übungen ist seine odische Ausstrahlung zehnfach so stark geworden, als bei gewöhnlichen Menschen. Und diese odische Strahlung ist auch mindestens zehnmal so kräftig bei ihm als bei anderen, weil seine odische Emanation psychisch rein gefärbt ist und dadurch für die kranken Mitmenschen zu einem großartigen Heilfaktor wird, ganz abgesehen von der alles durchdringenden Willenskraft, die dem okkult Geschulten zur Verfügung steht. Daher soll jeder Schüler bereit sein, seine Kraft augenblicklich dort einzusetzen, wo ihm der Himmel ein hilfsbedürftiges leidendes Menschenkind entgegenführt. Es ist damit keineswegs gesagt, daß er nun sich sofort zum Berufsheilmagnetiseur ausbilden soll. Aber die höheren reinen Mächte, die auf sein Streben und auf seine Entwicklung bereits aufmerksam geworden sind, werden ihm oft genug Gelegenheit geben, seine Menschenliebe auch in diesem Sinne zu betätigen. Und dazu muß er gerüstet sein durch die Ausbildung seiner heilmagnetischen Fähigkeiten.

Es ist hier nicht der Raum, einen Lehrgang über die heilmagnetische Krankenbehandlung zu geben. Hier sollen nur die Grundprinzipien angeführt werden.

Täglich magnetisiere der Schüler ein Glas Wasser. Er nimmt ein bis zu einem halben Zentimeter vom Rande angefülltes Glas Wasser in seine linke Hand, wendet sich mit dem Gesicht nach Osten, hält die rechte Hand, bzw. die Fingerspitzen derselben, ungefähr einen Zentimeter weit über den Wasserspiegel und konzentriert sich nun darauf, daß seinen Fingern in kräftigen Strahlen das Od entströmt. Er wird es auch sehen, da er darin schon geübt ist. Nach einer Minute streicht er langsam über den Wasserspiegel die Glaswand herunter – immer im gleichen Abstand – um, unten angelangt, mit der Hand im großen Bogen wieder nach auswärts zu fahren, indem er einen Kreis beschreibt, der die Fingerspitzen schließlich wieder über das Wasser führt. Hier hält er abermals an, doch nur ungefähr 20 bis 30 Sekunden. Dieser Prozeß wird zwölfmal wiederholt. Dann wird er dreimal die Hand über dem Wasser zur Faust ballen, rasch diese wieder öffnen und die Finger mit einer energischen Bewegung ausspreitzen. Man nennt das „Spargieren". Nun zieht er durch beide Nasenlöcher den Atem ein, hält längere Zeit Kumbhaka und atmet dann durch den Mund auf den Wasserspiegel aus. Das so geodete Wasser wird seine Wirkung je nach der Natur der stattgefundenen Konzentration ausüben.

Der Schüler soll vorerst dieses Experiment nur zum Zwecke der odischen Reinigung durchführen. Er habe bei der ganzen Manipulation die scharfe ununterbrochene Konzentration, daß sich seinen Fingern alles schlechte, psychisch minderwertige Od entlade und in das Wasser ströme. Das ist auch ein gutes Mittel gegen alle Gemütsbewegungen, Unruhe, Verstimmungen usw. Nach der Manipulation muß aber das Wasser stets ausgeschüttet und das Glas gut gereinigt werden.

Später kann der Schüler das Wasser auch zu Entwicklungszwecken oden, z. B. zur Stärkung der Nerven, des Gedächtnisses und der intellektuellen Fähigkeiten, zur Erweckung der Kräfte usw. In solchen Fällen soll der Schüler das geodete Wasser schluckweise trinken.

Nach erlangter Fertigkeit kann er Wasser zu Heilzwecken odisch laden und einem Kranken zu trinken geben. Nur muß bei der ganzen Manipulation die scharfe unbeirrte Konzentration vorhalten, daß das Wasser die betreffende Krankheit heilen soll. Der Schüler darf keinen Zweifel aufkommen lassen, sonst wird die Wirkung beeinträchtigt.

Wenn er in einem vollkommen harmonischen Zustand ein Glas Wasser zu dem Zwecke magnetisiert, daß es einem in irgendeiner Weise aufgeregten Menschen Ruhe und Friede bringen soll, und er gibt es dann jener Person zu trinken, so wird die Disharmonie bald behoben sein.

Neben dem magnetisierten Wasser ist die Anwendung der magnetischen Strichmanipulation zur Heilung von Krankheiten unbedingt nötig. Man heilt mit magnetischen Strichen entweder örtlich, also am Sitz der Krankheit, oder durch Allgemeinbehandlung mit Längsstrichen.

Der Schüler setzt sich dem Patienten gegenüber, und zwar so, daß beider Knie sich berühren, erfaßt die Hände des Patienten und trachtet, daß die beiderseitigen Daumen geschlossen sind. Dabei sieht er dem Patienten ruhig, liebevoll und des Erfolges zuversichtlich in die Augen. Durch einige Minuten nun konzentriert er sich darauf, daß der Kranke sein Od annehme, und daß dieses im starken Strom in dessen Körper eindringe. Dann steht er auf, führt die Arme im weiten Kreisbogen nach auswärts bis auf den Kopf des Kranken und macht nun ganz langsam Längsstriche in einer Entfernung von einem Zentimeter über das Gesicht und den ganzen Körper herab, indem die rechte Hand die linke und die linke Hand die rechte Seite bestreicht. Bei den Füßen angelangt, werden die Hände wieder im Bogen nach auswärts geführt und ungefähr in der Mitte des zu beschreibenden Kreisbogens kräftig ausgeschleudert, mit dem Willen, daß das vom Patienten übernommene kranke Od sich von seinen Händen entferne. Hierauf geht er im selben Bogen wieder zum Kopf des Patienten zurück, läßt dort einige Sekunden das Od einstrahlen und beginnt dann wieder mit den Längsstrichen. Die ganze Manipulation wird zwölfmal wiederholt, und muß bei derselben die scharfe Konzentration anhalten, daß das Od die entsprechende Heilwirkung habe und in den Organen des Kranken in diesem Sinne wirken müsse.

Der Schüler möge darauf achten, daß er keinen Gegenstrich mache, also von unten nach aufwärts, da er damit die Wirkung aufheben würde. Ferner darf er während des Magnetisierens sich nicht mit den Händen selbst bestreichen oder seinen Körper berühren, sonst würde er sich das kranke Od des Patienten selbst übertragen. Bei ansteckenden Krankheiten habe er zu Füßen des Kranken eine Schüssel Wasser, in welches er das übernommene Od abladet. Nach jeder beendeten Behandlung muß er einigemal die Hände kräftig ausschleudern, um sich des übernommenen Odes zu entledigen und sich dann die Hände tüchtig mit Wasser und Seife reinigen. Erst jetzt darf er seinen Körper selbst berühren.

Die örtliche Behandlung geschieht teils mit kurzen Strichen, teils – vielleicht am besten – mit Händeauflegen durch mehrere Minuten, welchem ein kräftiges Behauchen der schmerzenden Stellen folgt. Zu diesem Zwecke muß vorher der Atem eingesogen und während des Kumbhakas mit der kräftigen Konzentration einer energischen Heilwirkung beeinflußt werden.

Vor und nach jeder Behandlung soll der Schüler ein Pranayam machen, und zwar vor der Behandlung mit dem konzentrierten Willen, daß sein Od eine große Heilwirkung habe und nach der Behandlung mit der Konzentration auf sofortigen Ersatz der verausgabten Kräfte.

Im nächsten Abschnitt werden dem Schüler einige Anleitungen gegeben, wie er seine Heilkraft durch pranische und tattwische Prinzipien erfolgreicher gestalten kann.

Wir wenden uns nun einer Erweiterung der Übungen für das Astralleibaussenden zu.

Im einsamen, vor jeder Störung gesicherten Übungszimmer (man richte vorerst die Weckuhr, daß sie nach ungefähr 40 Minuten ertönt) macht man zu Beginn der Übung ein Pranayam mit der Konzentration auf die Zirbeldrüse sowie auf den Solarplexus und dem Willen der starken pranischen Durchsättigung dieser okkulten Zentren und dem Gelingen des Experimentes sowie der Erinnerung an dasselbe. Dann legt man sich bequem auf das Sofa, ohne jedoch die Gedanken von dem Vorhaben ablenken zu lassen. Es werden nun alle Muskeln abgespannt. Man läßt, indem man auf sein Vorhaben ausschließlich meditiert, langsam alle Glieder und Muskeln erstarren, zieht dann den Atem ein und macht während eines langen Kumbhaka den negativen Zustand, der so lang wie möglich anzuhalten ist. Und nun muß die beim Schüler ja bereits entwickelte Imagination in mächtiger Weise wirken. Man stellt sich vor, wie die Fußspitzen leblos werden, dann die Beine, wie die Atemtätigkeit nachläßt, wie alle Muskeln starr, die Beine leblos werden und schließlich der ganze Körper. Man muß sich nach und nach vollständig unbeweglich fühlen. Selbstverständlich muß man in vollster Abspannung bleiben. Dabei halte man die Augen zur Nasenwurzel hinauf gerichtet. Und nun setzt folgende Vorstellung ein: Man muß sich nicht mehr als Körper fühlen, sondern als Astralwesen. Als solches steigt man langsam aus dem unbeweglichen Körper heraus. Alle Glieder lösen sich, der Leib vom Leib, der Kopf vom Kopf, bis man seinen grobstofflichen Körper vor sich liegen sieht. Das Gefühl der Freiheit, welches den Schüler jetzt ergreift, benützt er, um durch eine scharfe Willensanstrengung sich vorwärts zu bewegen. Er läßt seinen Körper zurück und entschwebt hinaus ins Freie. Die dichte Materie bietet kein Hindernis, wenn der Wille stark genug ist. Die

Weckuhr führt ihn zur rechten Zeit wieder in seinen Körper zurück.

Diese Übung soll wöchentlich zweimal durchgeführt werden.

Zur weiteren Ausbildung der telepathischen Fähigkeiten mache man mit seinem Partner, mit welchem man womöglich sympathisch verbunden sein soll, folgende Experimente.

Man übertrage sich gegenseitig auf die schon in früheren Stufen beschriebene Art Zahlen. Man nehme von einem Abreißkalender die Zahlen 1 bis 10, wähle eine aus und übertrage sie in das Gehirn – jetzt besser in die Zirbeldrüse – des Partners. Es darf nicht eher mit einer Zahl gewechselt werden, bis dieselbe vom Partner erkannt wurde. Scharfe Konzentration und plastische Vorstellung ist Bedingung. Später läßt man die Blätter beiseite und überträgt die Zahlen aus der eigenen Vorstellung. In weiterer Folge macht man diese Versuche mit Farben usw., schließlich mit einzelnen Worten und kleinen Sätzen. Auch kann man den Partner zeichnerisch den erhaltenen Eindruck wiedergeben lassen.

Zur Erlangung der psychometrischen Empfindlichkeit helfen öftere Pranayams mit Konzentration auf die Zirbeldrüse und den Solarplexus, welchen sofort der negative Zustand folgen soll. Dann nimmt man kleine Päckchen, die man vorher schon gerichtet hat, und in denen sich kleine Quantitäten von Salz, Zucker, Pfeffer, Zimt befinden – wie überhaupt Stoffe, die einen scharfen Geruch haben – zur Hand. Die Päckchen müssen so verschlossen sein, daß man weder durch das Gefühl noch durch den Geruch deren Inhalt feststellen kann. Der Inhalt soll zwecks späterer Prüfung am Rande mit ganz kleiner Schrift angeführt sein. Man nehme also eines dieser Päckchen, schließe die Augen, mache sich ganz passiv und halte es an die Stirne. Es werden sich nach und nach odische Beeinflussungen bemerkbar machen, die in Geschmacksempfindungen oder in Vorstellungen des Inhaltes sich äußern und schließlich so stark werden, daß man den Inhalt anzugeben imstande ist, was freilich erst bei späteren Wiederholungen einwandfrei gelingen wird. Anfänglich soll man daher viel Geduld haben und bei einer Übung nur zwei oder drei Päckchen vornehmen, welche man bis zu einer Viertelstunde an die Stirne halten soll, bis die Eindrücke genügend stark und unverwischbar sind.

Nach wiederholten Erfolgen nehme man verschiedene Briefe von Freunden und Angehörigen, stecke sie in gleiche, unbeschriebene Umschläge und experimentiere nach vorangegangenem Pranayam und negativem Zustand auf dieselbe Weise, wie mit den Päckchen. Man hält jeden Brief solange an die Stirne, bis man durch irgendeine feste, klare Vorstellung den Schreiber des Briefes erkennt.

Beide Experimente sollen ziemlich oft ausgeführt werden.

Auch dem Hellhörexperiment mit der Muschel mag jetzt ein Pranayam mit der Konzentration auf die Zirbeldrüse und den Solarplexus, sowie der darauf folgende negative Zustand vorangehen. Wenn dann die Muschel ans Ohr gesetzt wird, soll der Atem herabgestimmt und öfter ein längeres Kumbhaka eingehalten werden.

Bei den Hellsehübungen kann man insofern abwechseln, als man jetzt im nur sehr schwach erhellten Zimmer auch ein Glas Wasser benützt, das bis zum Rande voll ist und in ein schwarzes Tuch eingehüllt wird. Man sieht dann andauernd in die dunkle Wasserfläche. Vorher aber soll das Pranayam gemacht werden mit dem Willen zur Entwicklung des Hellsehens und der Konzentration auf die Zirbeldrüse und den Solarplexus. Der negative Zustand leitet dann das Experiment ein, bei welchem ebenfalls die Atemtätigkeit sehr stark herabgestimmt werden und oft ein längeres Kumbhaka eingehalten werden soll. Man übt am besten einmal mit der polierten Schrankfläche und das andere Mal mit dem Wasserglas.

Beide Fähigkeiten werden zur vollsten Entwicklung erst durch die im letzten Abschnitte angegebenen einschneidenden Übungen gelangen.

<<>>

10. Stufe

Im Interesse des Schülers ist es, wenn er zwischen diesem

und dem vorangegangenen Abschnitt eine längere Pause, ungefähr 10 bis 12 Wochen, verstreichen läßt. Die Übungen der Stufe 9 müssen gehörig vertieft werden, bis man diese Stufe in Angriff nimmt, die bestimmt ist, den Schlußstein in das ganze Gebäude der Entwicklung zu setzen.

Der Schüler wird jetzt schon ein Meister der Atemtechnik sein. Seine Aufgabe in dieser Beziehung besteht nur mehr darin, das Kumbhaka immer länger auszudehnen. Allerdings muß hier Vorsicht am Platze sein, daß man nicht durch ein allzu rasches und unvermitteltes Steigern der Dauer des Kumbhaka sich Störungen im Organismus hervorruft. Nur ganz langsam soll diese Entwicklung vor sich gehen, von Woche zu Woche nur ein Steigern von Sekunden, bis man es dahin bringt, das Kumbhaka durch längere Zeit, ohne jede körperliche Anstrengung, mehr als Folge der Willenskraft, anzuhalten. Nach und nach sollen überhaupt bei diesen Übungen alle körperlichen Anstrengungen ausgeschaltet werden. Der Druck, mit welchem man beim Kumbhaka Prana in den Solarplexus leitet, darf schon bei Beginn der ganzen Übungen kein allzu großer sein, da man sich sowohl im Gehirn als an der Lunge eine Schädigung zuziehen könnte. Nunmehr aber soll dieser Druck an Körperlichkeit verlieren und sich mehr vergeistigen. Die mechanische Körperarbeit soll entlastet und von der Willenskraft zum größeren Teil übernommen werden.

Die Höchstleistung in der Dauer des „bewußten" Kumbhakas ist ganz individuell. Im allgemeinen muß Kumbhaka so lange angehalten werden können, bis man spürt, daß Prana den ganzen Körper, vom Kopf bis zu den Füßen kräftig durchdringt.

Es ist nun nötig, daß sich der Schüler zum Zwecke der vollkommenen Wirkung des Pranayams auch mit den bei solchen Übungen in Frage kommenden Kraftzentren im menschlichen Körper bekannt macht, die sowohl pranisch als auch durch Meditation beeinflußt werden müssen.

Diese Kraftzentren, die in der indischen Philosophie Chakrams benannt werden, was ungefähr eine sich drehende Scheibe oder ein Rad bedeutet, sind Verbindungszentren für die Universalkraft.

Es sind hauptsächlich sieben Kraftzentren, die für die okkulte Entwicklung eines „weißen" Magiers in Frage kommen und durch entsprechende Übungen zu vollster Wirksamkeit gebracht werden müssen. Diese Zentren liegen

1. in der Wirbelsäule am unteren Ende,
2. im Nabel,
3. in der Milz,
4. im Herzen,
5. im Kehlkopf,
6. zwischen den Augenbrauen (Nasenwurzel),
7. im Kopf, am oberen Schädel.

Diese Kraftzentren sind an und für sich tätig, da sie durch die Übernahme der Universalkraft erst das physische Leben ermöglichen. Ihre Tätigkeit beim gewöhnlichen Menschen aber ist eine sehr beschränkte und erstreckt sich mehr oder weniger nur auf die physische Existenz, wonach sie – in Anbetracht ihrer großartigen Leistungsfähigkeiten – eigentlich latent zu nennen ist. Das Erwecken dieser Kraftzentren zu höherer Tätigkeit läßt die okkulten Fähigkeiten des Menschen in wunderbarer Weise entwickeln.

Nur mag der Schüler bedenken, daß die Kanäle dieser Zentren, wenn sie einmal zu einer umfassenden Wirkung gebracht worden sind, allen Kräften den Zutritt ermöglichen, auch den verderblichen; die höhere Entwicklungsstufe des Schülers allein bedingt es, daß diese Kraftzentren straflos geöffnet werden können. Der Reine zieht nichts Böses mehr an. Wenn aber der Unentwickelte diese Zentren öffnet, so wird er Kräfte heranziehen, die ihn nicht nur in seiner ethischen Entwicklung zu hemmen imstande sind, sondern ihm auch leiblich und geistig Schaden bringen werden. Es sei hier nochmals auf die eingangs der 9. Stufe gegebene Warnung aufmerksam gemacht. Es prüfe sich jeder ernsthaft, ob er sich rein genug fühlt und stark, und lasse sich nicht durch die Neugierde verleiten!

Das wichtigste dieser Zentren befindet sich am unteren Ende der Wirbelsäule. In ihm liegt jene geheimnisvolle Kraft, welche von den Indern als „Kundalini" (Schlangenfeuer) bezeichnet wird. Wenn diese Kraft in volle Wirksamkeit gesetzt wird, so verursacht sie auch ein Erwachen aller anderen Zentren. Es bedarf einer eisernen Willenskraft und einer durch nichts mehr zu erschütternden ethischen Entwicklung, wenn einer den Strom des Kundalini so regulieren will, daß er kein Unheil anrichtet. Kundalini ist ein verzehrendes Feuer für den Unvorsichtigen und Schwachen, ein Segen und der Verursacher eines ungeahnten Glückes für den Starken und Reinen. Es bewirkt die höchste Erkenntnis. Aber jener Mensch der noch eine Spur von unreinen Neigungen hat, belebt diese durch Erweckung dieser geistigen, feurigen Kraft zu einer solchen Stärke und erregt sie so sehr, daß er ihnen nicht mehr widerstehen kann und in das Laster zurücksinkt.

Das zweite der Zentren, welches seinen Sitz am Nabel hat, bewirkt durch seine Erweckung eine erhöhte Sensitivität, ein volles Öffnen des psychischen Sinnes.

Das dritte der Zentren liegt in der Milz. Seine Erweckung stellt die Verbindung zwischen dem astralen und dem grobkörperlichen Bewußtsein her und vereinigt dieselben.

Das vierte dieser Zentren hat seinen Sitz in der Herzgegend. Seine Erweckung steigert das reine Gefühlsleben, tötet alle Leidenschaften und bewirkt eine Verbindung mit anderen Menschen in dieser Beziehung.

Das fünfte dieser Zentren, welches im Kehlkopf schlummert, macht bei seiner vollen Entwicklung den Menschen beständig hellhörend.

Das sechste dieser Zentren liegt zwischen den Augenbrauen, an der Nasenwurzel. Seine vollständige Erweckung bewirkt ein beständiges Hellsehen.

Das siebente dieser Zentren, das oben am Schädel liegt, bewirkt nach seiner vollen Erweckung das beliebige Verlassen des Grobkörpers durch den Astralkörper mit nachfolgender voller Erinnerung.

Eine unzeitige Erweckung dieser Zentren hat zum allermindesten immer große Gefahren im Gefolge, selbst wenn die Kraftströme den normalen Weg nach aufwärts nehmen. Verderben, Siechtum und mitunter sogar Tod sind die Folgen, wenn diese Kraft – als eine Folge der mangelnden ethischen und Willensentwicklung des Experimentierenden – nach abwärts strömt, oder im Aufwärtsströmen einen ungeregelten, die Spirallinie nicht einhaltenden Lauf nimmt.

Wie der Reine durch Erweckung von Kundalini zur höchsten Weisheit gelangt, so wird diese Kraft den Schwachen allen niederen Einflüssen bedingungslos ausliefern. Die unzeitige Erweckung des Kraftzentrums am Nabel erregt eine maßlos gesteigerte Sinnenlust, die des Herzens alle Leidenschaften und deren Gemütszustände, die des Kehlkopfs ertötet alles Mitleid und alle Liebe, die der Augenbrauen wirft in einen schauerlichen Egoismus zurück, vernichtet Geduld und Sanftmut, und die unzeitige Entwicklung der am Schädel liegenden Kraft tötet die Intelligenz und die Denkfähigkeit und kann den Wahnsinn und dauernde Verblödung herbeiführen.

Jene Schüler, die sich in Anbetracht dieser Warnungen ethisch genug entwickelt fühlen und ihre Willenskraft genügend ausgebildet haben, mögen nun als Vorstufe zur schließlichen Erweckung des Kundalini diese Kraftzentren durch pranische Beeinflussung vorerst etwas mehr beleben und sich dazu folgender Übungen bedienen.

Der Schüler beeinflusse zuerst an mehreren Tagen der Woche das Kraftzentrum am unteren Ende der Wirbelsäule. Er mache jedesmal in einer der Yogistellungen ein kräftiges Pranayam und lasse während Kumbhaka den Pranastrom fühlbar – was durch seine entwickelte Imagination möglich ist –

auf das untere Ende der Wirbelsäule und dessen Umgebung einwirken. Die Konzentration gipfelt in dem Wunsche, die latente Kraft an dieser Stelle anzuregen, keinesfalls aber vorläufig in Tätigkeit zu bringen, sondern nur höher zu beleben. Es muß hier mit einem sehr scharfen Willen eingesetzt werden, daß nur eine höhere, vorbereitende Belebung dieser Kraft eintritt. Der Atemprozeß – Einziehen, Anhalten und Ausatmen – wird, wie immer, siebenmal wiederholt. Nach Beendigung des Experimentes meditiere man durch ungefähr eine halbe Stunde auf Kundalini.

In der nächsten Woche beeinflusse der Schüler auf dieselbe Weise das Kraftzentrum am Nabel, nur daß er während des Kumbhakas den pranischen Strom wieder in das untere Ende der Wirbelsäule eintreten läßt, ihn sofort aber in die Nabelgegend überleitet.

An anderen Tagen wird das Kraftzentrum an der Milz beeinflußt, doch wieder so, daß der pranische Strom unten an der Wirbelsäule eintritt, sofort an die Nabelgegend geleitet wird, ohne dort zu verharren, um sogleich hinauf in die Milzgegend gezogen zu werden.

Während einer anderen Woche wird das Pranayam auf das Kraftzentrum im Herzen gemacht, indem man von der unteren Wirbelsäule spiralförmig den pranischen Strom über das Nabelzentrum zum Zentrum der Milz und von dort sofort in das Herz zieht.

An anderen Tagen jener Woche macht man dasselbe Experiment und leitet den pranischen Strom spiralförmig über vom unteren Ende der Wirbelsäule aus dem Nabel zur Milz, zum Herzen und von dort sofort zum Kehlkopf.

In der vierten Woche wird während des Pranayams der pranische Strom wieder vom unteren Ende der Wirbelsäule aus, spiralförmig über den Nabel, die Milz, das Herz und den Kehlkopf in die Stirne zur Nasenwurzel, also zwischen die Augenbrauen gezogen.

Schließlich hat man dieses Experiment an einigen Tagen

der vierten Woche auch mit dem Kraftzentrum am oberen Schädel zu machen, indem man den pranischen Strom, abermals vom unteren Ende der Wirbelsäule ausgehend, über den Nabel, die Milz, das Herz, den Kehlkopf, die Nasenwurzel, zur oberen Schädelgegend leitet, doch so, daß er auf dem Wege zwischen Nasenwurzel und oberer Schädelpartie die Zirbeldrüse passiert.

Bei allen diesen Übungen ist aber peinlich darauf zu achten, daß die Wirbelsäule gerade und aufrecht gehalten wird.

Während dieser Wochen wird der Schüler aber auch die letzte, entscheidende Übung zur Tattwabeherrschung so oft wie möglich vornehmen müssen, um die willkürliche Erzeugung der Tattwas in seine Hand zu bekommen.

Vorerst muß die nachfolgende Übung einige Male während der Nachtzeiten vorgenommen werden. Bei eingetretenem Erfolg kann man auch die Tageszeit verwenden.

Der Schüler steht während der Nacht (nach der zwölften Stunde) auf, wäscht sich den Scheitel und das Genick und vollführt hierauf ein Pranayam mit dem konzentrierten Willen, daß es ihm gelingt, nunmehr die Beherrschung der Tattwas in seine Hand zu bekommen.

Sodann prüfe er das Tattwa, in welchem er augenblicklich schwingt und ebenso, auf welcher Seite sein Atem strömt. Dann nehme er die Stellung nach jener Himmelsrichtung ein, die dem zu erzeugenden Tattwa entspricht. Das Akashatattwa hat keine Himmelsrichtung, das Vayu hat Nord, das Tejas Süd, das Prithvi West und das Apas Ost.

Wir nehmen nun z. B. an, der Schüler hat an sich das Tejastattwa konstatiert und den Suryaatem und will Apas erzeugen. Er wird nun vorerst das Tejastattwa durch seine Willenskraft stark herabstimmen, indem er sich auf den Mond konzentriert und auf Kälte. Dann stellt er sich mit dem Gesicht nach Osten. Nun macht er stehend das Pranayam, indem er den Atem langsam links einzieht. Gleichzeitig muß sich in ihm die intensive Vorstellung und Empfindung Geltung verschaffen, daß er sich inmitten des Mondes (den er sich sichelförmig denken muß) befindet, daß ihn eine abwärts gerichtete Bewegung ergreift und Kälte. Er wird einen zusammenziehenden Geschmack und einen solchen Geruch empfinden, alles in weißer Farbe sehen, eine gewisse Zusammenziehung in seinem Inneren fühlen, um sich herum von oben herab Wasser strömen sehen, das ihn wie in einen Mantel einhüllt und durchdringt und wird gleichzeitig die Silbe „Vam" in einer tiefen Oktave seines Grundtones laut denken.

Beim Kumbhaka führt er den so gefärbten Pranastrom zu dem Kraftzentrum, das an dem unteren Ende der Wirbelsäule liegt, überträgt mit starker Willenskraft geistig die ganzen obigen Empfindungen und Vorstellungen auf dieses Kraftzentrum, um es in die erwünschte Tejasschwingung zu versetzen und läßt hierauf den pranischen Strom – immer unter Einhaltung aller Gefühle und Vorstellungen – in der Reihenfolge durch alle Kraftzentren ziehen, also durch die Nabelgegend, die Milz, das Herz, den Kehlkopf, die Stirne (zwischen den Augenbrauen) über die Zirbeldrüse zur oberen Schädeldecke. Wenn das geschehen ist, so muß man fühlen, wie der mit Apastattwa gefärbte pranische Strom von jedem Kraftzentrum aus den ganzen Körper durchflutet.

Das Ausatmen geschieht wieder links, und zwar mit dem bestimmten, keinen Zweifel zulassenden Willen, daß man nun in Apas schwingt. Aber auch während dieser Konzentration darf der Schüler keinen Augenblick die Festhaltung aller, mit dem Apastattwa verbundenen Gefühle und Vorstellungen vergessen.

Er vollführe diesen Prozeß (Einatmen, Anhalten und Ausatmen) in der gleichen Weise siebenmal hintereinander und ohne jede Unterbrechung.

Die nun während einiger Minuten rhythmischen Atmens einsetzende starke Konzentration auf das erwünschte Tattwa und dessen Eigenschaften vollendet das Experiment, von dessen Gelingen man sich nun durch die Strahlung des Plexus, des inneren Schauens und auch durch die Perlen überzeugen kann.

Auch jetzt soll der Schüler es vorläufig noch vermeiden, Akashatattwa zu erzeugen.

Durch beständige Übung wird das für den Anfänger so umständlich erscheinende Verfahren sich vereinfachen. Der ganze Prozeß läßt sich für den Geübten schließlich in wenigen Minuten erledigen. Und wer das Schlangenfeuer in sich entfacht hat, kann sein Tattwa in einigen Sekunden ändern. Bei einem so entwickelten Menschen arbeiten Konzentration und Imagination so schnell und intensiv, daß das Tattwa sich fast augenblicklich ändert.

Der Schüler wird gebeten, von jetzt ab seiner weiteren Entwicklung sehr viel Zeit zu gönnen und nicht hastig vorwärts zu stürmen. Das würde ihm keinen Gewinn bringen und nur zu Enttäuschungen führen. Die hohen Kräfte sind nur durch Beharrlichkeit und Ausdauer zu erobern. Er schreite ganz langsam vorwärts, Schritt für Schritt, und arbeite mittlerweile emsig an seiner ethischen Entwicklung. Nur jetzt soll er in dieser Beziehung keinen Stillstand eintreten lassen. Wer bis hierher gekommen, für den gibt es kein Zurück mehr und kein Stillstehen, der muß das Irdische von sich weisen und dem Ewigen zustreben, der muß unaufhaltsam höher steigen und sich beständig veredeln. Jede noch so leise Regung seiner Gefühle, jeder Gedanke muß unter der bewußten Kontrolle seines höheren Ichs stehen.

Auf die Meditation hat der Schüler nunmehr eine größere Aufmerksamkeit zu richten. Mit Hilfe dieser Meditationen wird es ihm erst gelingen, seine okkulten Kräfte voll zu entwickeln und dauernd zu festigen.

Zum Zwecke der Entwicklung des Hellsehens mache der Schüler wöchentlich einmal eine Meditation mit auf die Nasenspitze gerichteten Augen auf das sich zwischen den Augenbrauen befindliche Kraftzentrum. Je tiefer diese Meditation ist, je erfolgreicher wird sie sein. Dann soll er das Tejastattwa einleiten. Dieser Übung folgt ein siebenmaliges Pranayam, mit abermals auf die Nasenspitze gerichteten Augen, in welchem der pranische Strom auf dieses Kraftzentrum geleitet wird, und zwar vom unteren Ende der Wirbelsäule aus, spiralförmig durch die dazwischen liegenden Zentren bis zur Nasenwurzel. Die Konzentration gipfelt in der Ausbildung der hellseherischen Fähigkeiten. Der negative Zustand von beliebiger Dauer, dem einige Minuten rhythmischen Atmens folgen sollen, beendet die Übung.

An darauf folgenden Abenden – mindestens zweimal wöchentlich – übe sich der Schüler direkt im Hellsehen, nachdem er vorher stets Tejastattwa eingeleitet und das vorher beschriebene Pranayam gemacht hat.

Der Schüler fertige sich zum Zwecke dieser Übung einen eigenen Spiegel an. Käufliche Fabrikate sind durch die Emanationen der Erzeuger und Händler verunreinigt. Er soll sich in einer Handlung für photographische Apparate ein ganz fehlerfreies „Chromobilderglas" anschaffen. Das ist eine hohlgeschliffene Glasplatte ungefähr 9 zu 12 oder 12 zu 18 cm groß. (Man kann sich einen solchen Spiegel auch aus Zelluloid machen oder auch aus Blech.) Die konvexe Seite wird nun gut gereinigt, am besten mit Spiritus, worauf man diese Fläche dick mit schwarzem Spirituslack bestreicht. Der Anstrich muß sehr gleichmäßig sein und soll, wenn er trocken geworden ist, nochmals wiederholt werden – leere Stellen müssen so lange überpinselt werden, bis sie vollständig verschwunden sind. Nach voller Trocknung muß man diesen Spiegel gehörig ausoden, indem man die Striche mit den Fingerspitzen von den beiden schmalen Seiten des Spiegels nach dessen Mitte zu führt, und zwar so, daß die Handrücken gegeneinander gekehrt sind. In der Mitte angelangt, hebt man mit scharfer Konzentration das fremde Od sozusagen heraus, fährt im weiten Bogen zurück, schüttelt die Hände aus, um dann die beschriebene Prozedur neuerdings zu beginnen. Das wird siebenmal gemacht.

Der für diesen Spiegel bestimmte Behälter (kann auch eine Pappschachtel sein), der mit Watte ausgelegt sein soll, muß ebenfalls auf die beschriebene Art ausgeodet werden.

Bevor aber der Spiegel in diesen Behälter gebracht wird, muß er eingeodet werden. Man macht jetzt die Striche (wieder die Handrücken zueinander gekehrt) von der Mitte des Spiegels nach außen und ebenfalls siebenmal. Dann behaucht man den Spiegel. Das Einoden und Behauchen muß mit der scharfen Konzentration untersetzt sein, daß der Spiegel die hellseherische Fähigkeit in uns auslöse und alle trügerischen Bilder fernhalte. Dieselbe Prozedur wird mit dem Behälter gemacht, worauf man den Spiegel in demselben verwahren kann. Der Schüler soll jedoch beachten, daß von jetzt an keines anderen Menschen Auge diesen Spiegel mehr besehen darf. Sollte es dennoch vorkommen, so muß der Apparat ausgeodet und frisch eingeodet werden.

Bei den Übungen mit dem Spiegel muß das Licht sehr gedämpft sein. Am besten eignen sich die mit roten Rubingläsern versehenen Dunkelkammerlaternen für photographische Zwecke. Die vollendetste Beleuchtung liefern solche Laternen mit violetten Gläsern. Das Licht muß etwas niedergeschraubt werden. Die Beleuchtung soll sich hinter dem Übenden befinden. Auf die Beleuchtung ist große Vorsicht zu verwenden, da der Übende durch seine Vertiefung von der Außenwelt ziemlich abgezogen ist und keine Kontrolle über die brennende Lampe auszuüben imstande ist.

Der Übende leitet, nachdem er Tejastattwa erzeugt hat, den negativen Zustand ein und sieht nach Beendigung desselben ruhig und in bequemer Körperhaltung in den Spiegel. Es ist am besten, wenn er seinen Geist ganz ruhig gestimmt hält, abwartend verharrt und so wenig wie möglich denkt. Die Übungsdauer ist unbegrenzt, soll aber keinesfalls unter 25 Minuten währen.

Zum Zwecke des körperlichen Durchschauens soll der Schüler wöchentlich einmal eine größere Meditation (mit auf die Nasenspitze gerichteten Augen) auf das sich in der Nabelgegend befindliche Kraftzentrum ausführen. Dann leite er das Tejastattwa ein und beginne mit siebenmaligem Pranayam, wobei die Augen ebenfalls der Nasenspitze zugerichtet sein sollen. Der pranische Strom wird in diesem Falle vom unteren Ende der Wirbelsäule aus bis zur Nabelgegend gebracht, auf welche man ihn kräftig einwirken läßt. Die Konzentration erstreckt sich auf die Erlangung der Fähigkeit, die inneren Organe und deren Tätigkeit, den Blutkreislauf, die Nerventätigkeit usw., kurz alle Funktionen des menschlichen Körpers, sowohl an sich selbst als auch an anderen Menschen, zu sehen und zu erkennen, also den Körper vollständig durchschauen zu können. Die Übung wird durch den negativen Zustand von beliebiger Dauer, welchem einige Minuten rhythmischen Atmens folgen, beendet.

An anderen Abenden der Woche – mindestens zweimal wöchentlich – mache der Schüler abermals das Pranayam auf die Nabelgegend mit dem konzentrierten Willen auf die Fähigkeit der körperlichen Innschau – vorher muß natürlich Tejastattwa erzeugt werden – und leite dann den negativen Zustand, welchen man so lange als möglich anhält, ein. Die Beleuchtung bei diesem Experiment sei wie bei dem Hellsehen, also ein rötliches oder violettes Halbdunkel. Und nun versuche der Schüler sich seinen Körper innen vorzustellen. Er beginne mit dem Gehirn und wandere so langsam nach abwärts, bei jedem Organe so lange verweilend, bis sich ihm dasselbe deutlich zeigt. Es ist das vorerst ein inneres Schauen mit dem geistigen Auge, das sich aber durch Willensanstrengung nach und nach in späteren Übungen auch auf das leibliche Auge übertragen wird, so daß es nach einigen Monaten gelingt, mit dem leiblichen Auge die diesem erreichbaren Körperpartien im eigenen Leibe zu sehen.

Schließlich versuche man diese Übung beim gedämpften

und später beim hellen Tageslicht durchzuführen. Wenn Erfolg eingetreten ist, wird man es bald nur durch eine Willenskraft dahin bringen, die Körper anderer Menschen zu durchschauen, wozu man jede Gelegenheit benützen soll.

Zum Zwecke der vollsten Entwicklung des Hellhörens wird dem Schüler angeraten, wöchentlich zur Abend- oder Nachtzeit eine Meditation mit auf die Nasenspitze gerichteten Augen auf das in der Kehlkopfgegend liegende Kraftzentrum auszuführen. Dann leitet er das Akashatattwa ein.

Der Schüler macht dieses Experiment nun zum ersten Male. Er soll daher folgenden Vorgang beachten.

Das in ihm augenblicklich schwingende Tattwa wird durch Willensanstrengung stark heruntergestimmt. Beim Akashatattwa braucht der Schüler keine bestimmte Himmelsrichtung einzuhalten. Nun muß er sich von den Vorstellungen und Empfindungen, welche der Natur des Akashatattwa eigen sind, vollständig ergreifen lassen. Er muß sich in einer großen, ohrförmigen Wolke sehen, eine nach allen Seiten ausstrahlende Bewegung empfinden, die alles durchdringt, muß das Gefühl des unendlichen leeren Raumes erzeugen und des allgegenwärtigen Äthers. Er muß ferner einen bitteren Geschmack empfinden und alles schwarz sehen. Die ohrartige Erscheinung, in der er sich befindet, ist das Zentrum eines weiten, dunklen Raumes, welcher von diesem Zentrum aus strahlenförmig vom Universaläther durchzogen wird. Zu gleicher Zeit muß der Schüler die Silbe „Ham" in seinem Grundton in der mittleren Tonlage laut und intensiv denken. Dabei aber muß die Atemtätigkeit so viel als möglich zurückgehalten werden.

Bei dem nun folgenden siebenmaligen Pranayam wird der Atem durch beide Nasenlöcher gezogen. Beim Kumbhaka, das bei diesem Experiment so lange als nur möglich angehalten werden soll, wird der, durch die obigen Vorstellungen – welche beim Pranayam in gleicher Stärke beibehalten werden müssen – gefärbte pranische Strom vom unteren Ende der

Wirbelsäule direkt aufwärtssteigend, also ohne die dazwischen liegenden Kraftzentren zu berühren, in den Kehlkopf gezogen, welches Kraftzentrum nun stark mit den Eigenschaften des Akashatattwas beeinflußt werden soll. Nur wenn der pranische Strom ausschließlich in der Mitte sich bewegt, wird das Akashatattwa erzeugt werden können. Das Ausatmen geschieht mit einer gewissen Zurückhaltung und sehr langsam, und zwar ebenfalls durch beide Nasenlöcher zugleich, und muß unter dem bestimmten, keinen Zweifel zulassenden Willen geschehen, daß man nun im Akasha schwingt. Dabei darf man keinesfalls die mit diesem Tattwa verbundenen Vorstellungen und Gefühle schwächer werden lassen.

Darauf folgt eine scharfe Konzentration während einiger Minuten rhythmischen Atmens auf das Akashatattwa, und die Überleitung in das Akashatattwa ist beendet, von dessen Erfolg man sich durch die bekannten Mittel überzeugen kann.

Es sei hier noch erwähnt, daß man ein Tattwa, welches normal ja alle 24 Minuten wechselt, durch rasches Erzeugen der ihm zugehörigen Empfindungen und Gefühle in Verbindung mit scharfer Willenskonzentration, also ohne Pranayam, für längere Zeit festzuhalten vermag.

Hat der Schüler nun das Akashatattwa eingeleitet, so führe er für einige Zeit den negativen Zustand herbei und hierauf anschließend abermals ein siebenmaliges Pranayam, bei welchem wieder durch beide Nasenlöcher ein- und ausgeatmet werden muß (aber langsam, etwas zurückhaltend und ohne jede Anstrengung). Beim Kumbhaka wird der pranische Strom vom unteren Ende der Wirbelsäule abermals direkt, mit Umgehung der anderen dazwischen liegenden Kraftzentren in den Kehlkopf gezogen. Die Konzentration befaßt sich mit der vollkommenen Ausbildung des Hellhörens. Man schließt diese Übung wieder mit dem negativen Zustand und einem mit dem rhythmischen Atmen ausgefüllten Ruhezustand.

An anderen Abenden – wieder mindestens zweimal wöchentlich – wird das direkte Hellhören geübt. Der Schüler leitet Akashatattwa ein, macht das vorher beschriebene siebenmalige Pranayam mit der entsprechenden Konzentration, setzt sich im rot verdunkelten Zimmer bequem hin und hält auf die bekannte Weise die Muschel ans Ohr. Nun führt er den negativen Zustand zu öfteren Malen hintereinander herbei. Dabei halte er die Augen auf die Nasenspitze gerichtet.

Bei späteren Übungen kann er nach und nach sich von der Muschel emanzipieren und nur mit verstopften Ohren lauschen, bis er auf den Standpunkt kommt, auch den Ohrenverschluß entbehren zu können. Das Hellhören entwickelt sich sehr langsam und nur, wenn der Schüler bei diesen Übungen seine Gedanken auszuschalten versteht und sich sehr passiv verhält. Wenn Erfolge eingetreten sind, übe man trotzdem weiter, bis sich diese okkulte Fähigkeit so befestigt hat, daß es nur einer gewissen Einstellung auf den Äther durch die Willenskraft bedarf, um sofort und an allen Orten hellhörerische Eindrücke zu erhalten.

Zum Zwecke der vollsten Ausbildung der Telepathie soll der Schüler nunmehr trachten, daß er sich mehr als sein Partner als Empfänger eignet. Die nachstehenden Übungen werden ihn dazu entwickeln. Wenn aber sein Partner ebenfalls diese Übungen studiert und sich in gleicher Weise entwickelt hat, so sollen beide Schüler sich eine höhere telepathische Empfänglichkeit aneignen.

Der Schüler mache wöchentlich eine Meditation auf die Zirbeldrüse mit zur Stirnmitte gerichteten Augen. Dann leite er das Vayutattwa ein und schließe ein siebenmaliges Pranayam an, bei welchem er ebenfalls die Augen zur Stirnmitte gerichtet hält. Der pranische Strom wird vom unteren Ende der Wirbelsäule spiralartig durch alle Kraftzentren hindurchgeführt, bis zur Zirbeldrüse. Die dabei entwickelte Konzentration gipfelt in der Vervollkommnung der telepathischen Empfänglichkeit. Hierauf folgt der negative Zustand.

An anderen Wochentagen übe sich der Schüler direkt in den verschiedenen telepathischen Experimenten, indem er vorher (eventuell auch sein Partner) das Vayutattwa einleitet und das vorher beschriebene Pranayam durchführt.

Die gegenseitige telepathische Übertragung geschehe nun auf die Weise, daß zwischen dem Empfänger und dem Aussender eine Trennung stattfindet, indem sich der eine in ein anderes Zimmer begibt. Anfänglich mögen die Experimentierenden sich mit einer langen Schnur verbinden, deren Enden beide an die Stirne halten. Wenn der Schüler den Empfänger macht, soll er oftmals hintereinander den negativen Zustand einleiten. Dasselbe gilt für den Partner, wenn er okkulter Schüler ist. Bei späteren Übungen vergrößere man den Zwischenraum zwischen beiden Experimentierenden, so daß z. B. sich der eine in einer anderen Wohnung oder in einer entfernteren Straße befindet, schließlich auch in einer anderen Stadt, usw.

Die telepathischen Übungen lassen so viele Variationen zu, daß sie hier unmöglich alle angeführt werden können. Die beiden Übenden werden sich wohl selbst auf verschiedene Steigerungsmöglichkeiten besinnen und ihre Experimente in reicher Abwechslung ausgestalten.

Um die vollste Ausbildung der Psychometrie zu ermöglichen, soll der Schüler wöchentlich einmal eine tiefe und lang andauernde Meditation auf das Kraftzentrum in der Nabelgegend ausführen, jedoch sollen die Augen diesmal auf die Stirnmitte gerichtet sein. Dann leite er Prithvi- oder Apastattwa ein, am besten bei der einen Übung Prithvi, bei der anderen Apas, usw. Dann folgt ein siebenmaliges Pranayam mit auf die Stirnmitte gerichteten Augen. Bei Kumbhaka wird der Atemstrom über das untere Ende der Wirbelsäule nach der Nabelgegend gezogen, und man hat bei der Konzentration die volle Entwicklung der psychometrischen Fähigkeiten anzustreben. Angeschlossen wird der negative Zustand und eine kurze Ruhe mit rhythmischem Atmen.

An verschiedenen Abenden – wöchentlich zweimal – sind nun direkte Übungen in der Psychometrie durchzuführen, welche jedesmal, bei vorangegangener Erzeugung von Prithvi-oder Apastattwa durch ein siebenmaliges Pranayam auf die Nabelgegend in der oben beschriebenen Weise und schließlich durch den negativen Zustand eingeleitet werden müssen.

An Stelle der Briefe, oder mit diesen abwechselnd, kann der Schüler nun verschiedene Gegenstände psychometrisch behandeln, indem er z. B. eine alte Münze, eine Reliquie, ein altes Bildchen, einen Schmuckgegenstand, oder sonstige kleine Gegenstände nimmt, welche er aber vorher in kleine Päckchen eingeschlossen hat, die gleichgroß sein müssen und von außen den Inhalt nicht verraten können. Diese Päckchen hält er im rot verdunkelten Zimmer an die Stirn und überläßt sich den Einflüssen und Visionen, die nun in ihm aufsteigen, und deren Echtheit er nachträglich prüfen soll.

Nach und nach, bei Fleiß und Ausdauer wird sich diese Fähigkeit im Schüler so stark entwickeln, daß er von jedem Gegenstand die Vorgeschichte erhalten wird, wenn er ihn an die Stirne oder an die Herzgrube hält. Altertümer werden ihm sehr interessante Geschichten erzählen und ihre Vergangenheit enthüllen. Ja, es soll so weit kommen, daß der Schüler nur auf einen Gegenstand seine Hände zu legen und die Augen zu schließen braucht, um in einer Reihe von klaren und deutlichen Vorstellungen und Empfindungen die ganze Geschichte dieses Gegenstandes zu erfahren.

Bei den psychometrischen Experimenten, beim Hellsehen, wie überhaupt bei allen okkulten Fähigkeiten, Bilder der Vergangenheit oder Zukunft zeigen, ist eine Warnung sehr angebracht, und es wird der Schüler in seinem eigenen Interesse gebeten, dieselbe zu beachten: Gewisse innere Prinzipien haben nur zu sehr die Neigung, sich mit den in den geistigen Vorstellungen handelnden Personen zu identifizieren. Dem muß mit größter Willenskraft widerstrebt werden, weil man sonst all die Leiden der handelnden Person mitzumachen hat und mitfühlt. Wenn schöne Bilder auftauchen, und die in diesen Bildern handelnde Person im vollsten Glücke schwimmt, so ist es sehr naheliegend, sich davon zu sehr ergreifen zu lassen, so daß man sich unbewußt mit diesen Vorstellungen verbindet. Wenn sich nun die Situation ändert und den freudigen Ereignissen schweres Leid folgt, so wird der unvorsichtig Experimentierende mitleiden und mitfühlen müssen. Er muß also stets der im Gemüt vollständig unbeeinflußte Zuschauer bleiben.

Auch zum Zwecke der vollsten Entwicklung des Astralleibaussendens soll der Schüler die Meditation heranziehen.

Er macht dieselbe einmal in der Woche auf das Kraftzentrum, das in der Milz liegt, um das astrale Bewußtsein auf das grobkörperliche zu übertragen, und ein andermal auf das Kraftzentrum, das oben an der Schädeldecke liegt, um die Fähigkeit der beliebigen, bewußten Lostrennung des Astrals voll zu entwickeln. Bei beiden Meditationen, die in jeder Woche abwechselnd vorgenommen werden müssen, bleiben die Augen zur Stirnmitte gerichtet. Hierauf wird das Vayutattwa eingeleitet, sowie ein siebenmaliges Pranayam gemacht, bei welchem der pranische Strom bei der einen Übung vom unteren Ende der Wirbelsäule spiralförmig über den Nabel zur Milz und bei der anderen Übung spiralförmig vom unteren Ende der Wirbelsäule, über Nabel, Milz, Herz, Kehlkopf, Zirbeldrüse, Nasenwurzel zu dem Kraftzentrum an der Schädeldecke geleitet wird. Die Konzentration ist im ersten Falle auf die Übertragung des astralen Bewußtseins auf den Grobkörper (damit alle Erlebnisse des ausgesandten Astralkörpers bewußte, klare Eindrücke im Grobkörper hinterlassen) gerichtet, und im zweiten Falle auf die leichte und volle Entwicklung des bewußten Astralleibaussendens. Daran schließt sich der negative Zustand.

An einigen Abenden jeder Woche vervollständige der Schüler die eigentlichen Experimente des Astralleibaussendens. Er leite vorher stets Vayutattwa ein und mache das siebenmalige Pranayam auf das Kraftzentrum der Milz mit dem konzentrierten Willen der schon erwähnten Bewußtseinsverbindung. Dann meditiere er eine Viertelstunde auf das Gelingen des Experimentes und mache dann abermals ein siebenmaliges Pranayam auf das Kraftzentrum an der Schädeldecke mit der scharfen Konzentration, daß der Astralkörper sich löse und außer dem Körper wirke. Auch jetzt sei das Zimmer in rötliches Halbdunkel gehüllt. Der Schüler lege sich bequem hin und leite, nach vollendeter Festhaltung des Vayutattwas und vollster Abspannung aller Muskeln, den negativen Zustand ein, der so lange als möglich angehalten werden muß. Die Augen bleiben, wie auch beim Pranayam, auf die Stirnmitte gerichtet. Jetzt muß wieder jener Zustand des Unbeweglichseins eintreten, wie er im vorigen Abschnitt gelehrt wurde, ebenso die Vorstellung des Heraushebens des Astralkörpers und der vollen Loslösung. Es muß nun ein merkwürdiger Vorgang eintreten. Ein Willensakt, der scheinbar noch vom körperlichen Bewußtsein ausgeht, muß den Astral veranlassen, in seiner Freiheit intelligente Wirkungen zu verrichten, sich zu entfernen, und vielleicht den Partner, mit welchem der Schüler telepathische Übungen macht, aufzusuchen, sich vor diesem durch Umkleidung mit dem Od des Körpers zu verdichten, usw. Es ist vorläufig am besten, wenn der Schüler noch vor dem Experiment, wenn er sich zur Ruhe legt, also vor dem negativen Zustand, das ganze Programm der astralen Wirksamkeit feststellt, denn wenn er im Laufe des Experimentes über sein körperliches Bewußtsein die Kontrolle verliert, muß er den Astralkörper nach eigenem Ermessen handeln lassen.

Nach der Rückkehr des Astralkörpers, die durch den Ruf einer nicht schrillen Weckuhr vermittelt wird (die Dauer des Experimentes muß jetzt sehr ausgedehnt werden), wird infolge der vorangegangenen Übungen und Meditationen das volle Bewußtsein an die Erlebnisse des Astrals vorhanden sein.

Hier ist dem Verfasser die Grenze gezogen – die weitere Entwickelung wird der nun in Aktion tretende geistige Lehrer des Schülers übernehmen.

Zu diesem Zwecke sollen lange Meditationen unternommen werden – am besten während der Stille der Nacht – , die sich mit dem zu erwartenden Führer beschäftigen. Er wird sich dem Schüler, der sich bis hierher durchgerungen hat und in seiner ethischen Entwicklung immer weiter vorwärts strebt, nicht versagen.

Die vollste Erweckung des Schlangenfeuers und der hohe Zustand geistiger Versenkung in das innere Licht, („Samadhi") genannt, darf von keinem Schüler ohne Leitung und Kontrolle des geistigen Lehrers und Führers durchgeführt werden, der die Natur und Anlage seines Schülers kennt und die richtigen Maßnahmen zu treffen weiß. Denn die „volle" Erweckung des Schlangenfeuers und mit ihm aller Kraftzentren wirkt auch auf die physische Natur des Schülers und kann, unrichtig geleitet, große Störungen in der menschlichen Natur hervorrufen.

Wenn der Schüler in der Entwicklung seiner okkulten Kräfte bis zu diesem Punkte des vorliegenden letzten Abschnittes angelangt ist, wird es ihm nicht schwer fallen, die ihm jetzt zur Verfügung stehenden Kräfte nach vielen Richtungen hin zu verwenden. Er wird seinen Astralkörper bewußt in die irdische Astralsphäre oder in außerirdische Verhältnisse senden können. Er wird mit Hilfe des Vayutattwas und während des Kumbhaka Levitationsphänomene erzeugen, sich bei Apastattwa gegen Feuer und Hitze unverwundbar machen und sich mit den Prithvitattwa gegen körperliche Verletzungen schützen können.

Wenn er auf das Karma und die Reinkarnation meditiert und hierauf den negativen Zustand einleitet, wird er Kenntnis von seinen vergangenen Daseinsverhältnissen erhalten und seinen Tod erfahren.

Wenn er andauernd auf die Zirbeldrüse meditiert, so werden sich ihm Lichtgestalten zeigen, und hellhörend wird er ihre Einflüsterungen vernehmen. Aber er wird, eingedenk des kommenden Meisters, diesen Erscheinungen kein Gehör geben, denn sie würden ihn trügen und seiner ethischen Entwicklung Schaden bringen.

Er wird die Gedanken seiner Mitmenschen lesen, wenn er sich durch Konzentration und Willenskraft mit der Zirbeldrüse derselben verbindet, kurz, es wird ihm nichts verborgen bleiben, und er wird jedes okkulte Phänomen hervorzubringen imstande sein, wenn er, in Verbindung mit tiefen Meditationen, dem negativen Zustand und den entsprechenden Tattwas seine entwickelten Kräfte zur Anwendung bringt.

Doch sei der Schüler sehr gewarnt, irgendwelche Phänomene ohne zwingende Gründe vorzunehmen. Es ist verwerflich und schädlich, okkulte Phänomene ins Leben zu rufen, um die Neugierde anderer Menschen damit zu stillen und seiner Eitelkeit zu dienen. Überzeugen kann man durch solche Schaustellungen nicht, denn die Zweifelsucht der Zuschauer wird immer eine lächerliche Erklärung zur Hand haben und damit den Experimentierenden zum Betrüger und Gaukler stempeln. Wer noch nicht reif ist – und mehr als 90 Menschen vom Hundert sind in dieser Beziehung noch blind – wird auch durch das einwandfreieste Experiment nicht überzeugt. Und wenn ihnen gar keine Ausrede mehr übrig bleibt, dann werden sie sagen, sie wurden vom Experimentierenden hypnotisiert und unterlagen dessen gedanklichen Einflüssen. Die Auslösung der okkulten Kräfte darf also nur in Fällen der Gefahr, ferner zum Selbststudium und schließlich dann, wenn es sich um Hilfeleistung für die Mitmenschen handelt, vorgenommen werden.

Um sich vor eigener Schädigung zu wahren, achte der Schüler auf diese Warnung.

Wenn der Schüler kranke Menschen magnetisiert, so mag er dabei sowohl die subtileren Kräfte seines Astralkörpers als auch die Tattwas benützen.

Beim Magnetisieren mit dem Astralkörper muß der Schüler genau die schon angegebenen Manipulationen mit dem Grobkörper machen, dabei aber sich der Vorstellung hingeben, wie sein Astralkörper heraustritt und dieselben Manipulationen vollführt. Magnetisiert er innere Organe so lasse er neben der körperlichen Manipulation seine astrale Hand in das für seinen Geist offene Organ des Kranken eintreten und gleichzeitig die magnetische Manipulation vornehmen. Bei Verwendung der Tattwas achte der Schüler auf negative und positive Krankheitsformen. Jede negative Krankheitsform bedarf eines positiven Tattwas wie Tejas und Prithvi und jede positive Krankheit eines negativen Tattwas wie Vayu und Apas. Der Schüler muß in sich selbst das betreffende Tattwa erzeugen und auch auf den Kranken überleiten, indem er ihn mit großer Willenskraft mit dem betreffenden Tattwa überströmt, und zwar auf die schon gelehrte Weise, vom unteren Ende der Wirbelsäule spiralförmig durch alle Kraftzentren des Kranken. Bei blutenden Wunden wird der Schüler das zusammenziehende Apastattwa und zu deren Heilung das Prithvitattwa anwenden.

Weil es des Entwickelteren vornehmste Aufgabe ist, die Leiden und Schmerzen seiner Mitmenschen zu stillen, so oft ihm eine höhere Fügung dazu Gelegenheit gibt, so soll der Schüler dieses Gebiet zu seinem speziellen Studium machen.

Nachwort

Es freut mich sehr, daß ich dieses Lehrwerk durch eine

Neuauflage der Vergessenheit entreißen darf. Die von Karl Brandler-Pracht zusammengestellte Mischung aus Yoga und Magie gehört sicherlich zu den interessantesten und wichtigsten Zeugnissen geistigen Strebens vom Anfang des vorigen Jahrhunderts.

Die Parallelen vieler von Brandler-Pracht empfohlener Übungen zu denen in „Der Weg zum wahren Adepten" von Franz Bardon sind nicht zu übersehen. Durch die gleichmäßige Berücksichtigung der vier Elemente ist das Werk von Bardon allerdings unerreicht und der Schüler wird sich zu seiner eigenen Sicherheit auf dem Weg zum magischen Gleichgewicht auf diesen Pfaden bewegen.

Viele Schüler der okkulten Wissenschaften scheitern an ihren eigenen Zweifeln. Einer der Wege, Zweifel zu beseitigen, ist der Vergleich der Darstellungen verschiedener Einweihungswege, wie sie z. B. auch in den Büchern „Wie erlangt man Erkenntnisse der höheren Welten?" von Rudolf Steiner und den „Lehrbriefen zur geistigen Selbstschulung" von Dr. Georg Lomer enthalten sind. Den Interessenten geistiger Entwicklungswege diese Möglichkeit zum Vergleich zu bieten, ist der Hauptgrund für die neue Herausgabe dieses Werkes, denn es gibt nicht viele davon.

Es gehört zur Tragik Europas, daß sich zu wenige Menschen mit der geistigen Entwicklung nach okkulten Methoden befassen wollen. Leider sind wohl nach wie vor nur Einzelne, die sich den Schwierigkeiten einer okkulten Entwicklung stellen möchten.

Bedauerlich ist auch, daß selbst die philosophischen Aspekte der okkulten Wissenschaft bis heute nicht in den Schulbetrieb eingedrungen sind, obwohl die ethische Lage der Weltentwicklung dies nach meiner Meinung dringend fordert. Wenn ich ins Auge fasse, welcher philosophische Blödsinn uns Deutschen in weitem Umfang aus Ost und West aufgedrängt wird, dann kann einem wirklich übel werden. Dieser philosophische Blödsinn verhindert eine klare Erkenntnis der

Realität und ist sicherlich auch für viele der negativen politischen Verwicklungen Europas verantwortlich zu machen.

Für den Praktiker des Okkultismus bietet das Werk von Franz Bardon sicherlich die beste Ergänzung zu den hier dargelegten Übungen. Außerdem empfehle ich jedem Schüler des Okkultismus die Bücher „Die Philosophie der Freiheit" und „Theosophie" von Rudolf Steiner, die mir selbst große Vorteile gebracht haben.

Wie so vieles im menschlichen Leben können auch okkulte Übungen bei unsachgemäßer Anwendung negative Ergebnisse bringen und zu Krankheiten führen. Das ist nicht anders als im Leistungssport. Niemand ist gezwungen die hier dargestellten Übungen auf sich anzuwenden, deshalb ist jeder für sich selbst verantwortlich und sollte seine Entscheidungen gut überdenken. Der Verlag lehnt deshalb jede Verantwortung für negative Folgen aus den in diesem Buch dargestellten praktischen Übungen ab.

Allen Schülern der okkulten Wissenschaften wünsche ich viel Erfolg auf ihrem Weg.

Wuppertal, März 2005
Dieter Rüggeberg

Im gleichen Verlag sind erschienen:

Franz Bardon
Der Weg zum wahren Adepten

Das Geheimnis der ersten Tarot-Karte. Ein Lehrgang der Magie in 10 Stufen. Theorie und Praxis. Informationen über die Elemente Feuer, Luft, Wasser und Erde. Das Licht. Das Akasha- oder Äther-Prinzip. Karma, das Gesetz von Ursache und Wirkung. Die Seele oder der Astralkörper. Der Geist oder Mentalkörper. Religion. Gott. Ausführliche Praxis.
ISBN 978-3-921338-30-8 * 23. Auflage, 393 Seiten, Leinen

Franz Bardon
Die Praxis der magischen Evokation

Das Geheimnis der 2. Tarot-Karte. Anleitung zur Anrufung von geistigen Wesen der kosmischen Hierarchie. Der Verfasser berichtet aus eigener Erfahrung. 160 Seiten Abbildungen – Namen und Siegel geistiger Wesen. Eine mehrfarbige Abbildung der zweiten Tarot-Karte. ISBN 978-3-921338-31-5 * 560 Seiten, Leinen

Franz Bardon
Der Schlüssel zur wahren Kabbalah

Das Geheimnis der 3. Tarotkarte - die Magie des Wortes. Die kosmische Sprache in Theorie und Praxis. Der Kabbalist als vollkommener Herrscher im Mikro- und Makrokosmos. „Zu allen Zeiten war derjenige, den man als den *Herrn des Wortes* bezeichnete, stets der höchste Eingeweihte, der höchste Priester, der wahre Vertreter Gottes." Weltweit das einzige Lehrbuch der praktischen Kabbalah.
ISBN 978-3-921338-27-8 * 309 Seiten, 2 Abb., Leinen

Franz Bardon
Frabato * Autobiographischer Roman

Der Roman schildert wichtige Lebensabschnitte von Franz Bardon, die sich auf seine besondere Mission für die Entwicklung der Menschheit beziehen.
ISBN 978-3-921338-26-1 * 200 Seiten, 12 Abb.

Dr. Lumir Bardon * Dr. M.K.

Erinnerungen an Franz Bardon

Der Sohn von Franz Bardon und ein persönlicher Schüler erzählen über ihre Erlebnisse mit dem Meister. Mit „Anmerkungen zur Hermetik" von Dr. M.K.

ISBN 978-3-921338-18-6 * 154 Seiten, 22 Fotos

Erich Bischoff

Wunder der Kabbalah

Die okkulte Praxis der Kabbalisten.

Im Anhang: Sepher Jesirah (Das Buch der Schöpfung)

ISBN 978-3-921338-28-5 * 111 Seiten

Dieter Rüggeberg

Christentum und Atheismus im Vergleich zu Okkultismus und Magie

Eine vergleichende Studie zu den weltanschaulichen, wissenschaftlichen und machtpolitischen Grundlagen. Aus dem Inhalt: Über Gott und Mensch - Die Analogiegesetze. Die geistige Hierarchie. Reinkarnation - oder Himmel und Hölle? Zur Ethik. Okkultismus und Magie als Wissenschaft. Erkenntnistheorie - Glauben und Wissen.   ISBN 978-3-921338-12-4 * 197 Seiten

Dieter Rüggeberg (Hg.)

Fragen an Meister Arion (Franz Bardon)

Ergänzungen zum Lehrwerk „Der Weg zum wahren Adepten" aus einem Schülerkreis in Prag. Fragen und Antworten über die mentale, astrale und physische Ebene sowie das Akasha-Prinzip.

ISBN 978-3-921338-24-7 * 108 Seiten

Dieter Rüggeberg

Geheimpolitik

Der Fahrplan zur Weltherrschaft

Die „Protokolle" als Grundlage internationaler Machtausübung. Kirchen, Logen und Orden im Kampf um die Weltherrschaft.

ISBN 978-3-921338-15-5 * 273 Seiten

Dieter Rüggeberg
Geheimpolitik - 2
Logen - Politik
ISBN 978-3-921338-16-2 * 317 Seiten
* * *
Dieter Rüggeberg
Theosophie und Anthroposophie
im Licht der Hermetik
ISBN 978-3-921338-38-4 * 76 Seiten, Format A4
- - -
Dieter Rüggeberg
Hermetische Psychologie und Charakterkunde
ISBN 978-3-921338-35-3 * Format A4, 134 Seiten
- - -
Robert Fludd
Die Verteidigung der Rosenkreuzer
Rudolf Steiner
Christian Rosenkreuz und der Graf von
St. Germain
(Beitgräge aus dem Gesamtwerk)
133 Seiten, Format A4, Spiralbindung
- - -
Woldemar von Uxkull
Eine Einweihung im alten Ägypten
ISBN 978-3-921338-25-4 * 150 Seiten, 22 Abb.

****

Verlag Dieter Rüggeberg
Postfach 13 08 44
D-42035 Wuppertal
Tel. + Fax: (+ 49) 02 02 - 59 28 11
Internet: www.verlag-dr.de

****